内蒙古社会科学基金 2022 年度
后期资助项目

简明
鄂尔多斯学

奇海林 杨勇 王春霞 著

学苑出版社

图书在版编目（CIP）数据

简明鄂尔多斯学 / 奇海林，杨勇，王春霞著 .—北京：学苑出版社，2024.1

ISBN 978-7-5077-6910-4

Ⅰ .①简… Ⅱ .①奇… ②杨… ③王… Ⅲ .①鄂尔多斯市–研究–文集 Ⅳ .① K922.63-53

中国国家版本馆 CIP 数据核字 (2024) 第 047209 号

责任编辑：战葆红

出版发行：学苑出版社

社　　址：北京市丰台区南方庄 2 号院 1 号楼

邮政编码：100079

网　　址：www. book001. com

电子邮箱：xueyuanpress@163. com

联系电话：010-67601101（营销部） 010-67603091（总编室）

印　刷　厂：北京永诚印刷有限公司

开本尺寸：710 mm×1000 mm　1/16

印　　张：13.75

字　　数：200 千字

版　　次：2024 年 1 月北京第 1 版

印　　次：2024 年 1 月北京第 1 次印刷

定　　价：88. 00 元

鄂尔多斯学研究会

布赫

鄂尔多斯学研究会创始人（左起：陈育宁、夏日、奇·朝鲁）

2002 年 9 月 16 日，鄂尔多斯学研究会成立大会合影

2002 年 9 月 16 日，鄂尔多斯学研究会成立大会会场

2002 年 9 月 16 日，鄂尔多斯学研究会第一届会员代表大会

　　2002 年 9 月 16 日，内蒙古自治区人大常委会原主任巴图巴根、鄂尔多斯市委书记郭子明为研究会揭牌

　　2002 年 9 月 17 日—19 日，举办了阿尔寨石窟专题研讨会，同时举行汇报会

2003年9月16日，鄂尔多斯学研究会建会一周年时，全体驻会工作人员

2003年鄂尔多斯学研究会年会

2005年9月15日，组织召开中国地方学研究联席会成立大会

2007年8月10日—12日，鄂尔多斯学研究会与鄂尔多斯市委宣传部、市社科联、社科院联合举办第二届鄂尔多斯文化学术研讨会暨魅力鄂尔多斯高层学术论坛

2007 年 10 月 26 日，鄂尔多斯学研究会成立五周年暨鄂尔多斯学研究会第二届一次会员代表大会

2008年7月5日，组织召开鄂尔多斯学研究会专家委员会年会

2008年11月1日，会长奇·朝鲁参加北京学研究所组织召开的地方文化与地方学学术研讨会

2009 年 11 月 3 日，《鄂尔多斯大辞典》首发式

2012 年 9 月 16 日，鄂尔多斯学研究会庆祝成立十周年颁奖

2012 年 9 月 16 日，鄂尔多斯学研究会成立十周年部分获奖专家

2013 年 9 月 15 日，组织召开中国地方学建设与发展研讨会

2016 年 5 月 23 日，鄂尔多斯学研究会与北方民族大学召开座谈会

2016 年 5 月 23 日，组织专家考察西夏学研究中心

2016年6月26日，鄂尔多斯学研究会派专家参加西域学研讨会

2016年9月12日，组织召开一带一路与鄂尔多斯发展学术研讨会

2016 年 9 月 15 日，鄂尔多斯学研究会与内蒙古大学鄂尔多斯学院合作启动仪式

2016 年 9 月 20 日—21 日，鄂尔多斯学研究会派人参加中日韩地方学研究理论与实践学术研讨会

　　2017年1月5日下午，鄂尔多斯学研究会与鄂尔多斯职业学院合作签约仪式在鄂尔多斯职业学院举行

　　2017年6月25日，组织召开康巴什论坛——草原城市文化学术研讨会

2017年7月11日，鄂尔多斯学杭锦旗研究会成立

2017年9月25日，组织召开中国地方学研究交流暨鄂尔多斯学学术座谈会

2017 年 11 月 18 日，组织召开学习贯彻十九大精神座谈会

2017 年 12 月 17 日，鄂尔多斯学研究会第四届一次会员代表大会召开

2018 年 6 月 10 日，自治区社科联主席杭栓柱一行验收科普基地建设

2018 年 6 月 12 日，鄂尔多斯市第十二届社会科学普及活动走进十二连城乡启动仪式

2018年6月12日，组织召开乡村振兴战略实施座谈会

2018年9月19日，库布其历史与文化研讨会在杭锦旗召开

2018年11月3日—4日，研究会组织部分专家开展长城沿线历史与文化学术考察交流活动

2018年12月14日，组织召开回顾与展望——鄂尔多斯改革开放40年座谈会

2019 年 5 月 14 日，自治区宣传部副部长高文鸿一行与研究会驻会人员合影

2019 年 5 月 26 日，为鄂尔多斯文献馆捐赠文献者合影

2019 年 6 月 18 日，鄂尔多学研究基地在鄂尔多斯职业学院挂牌

2019 年 7 月 17 日，第三届民族地区文化产业发展论坛在鄂尔多斯召开

　　2019 年 9 月 15 日—16 日，由宁夏大学西夏学研究院、鄂尔多斯学研究会、乌审旗委、政府主办的"鄂尔多斯党项西夏文化与区域文化旅游融合发展研讨会"在乌审旗召开

2020 年 1 月 11 日，顾问云照光给鄂尔多斯文献馆赠阅图书并题词

2020年5月15日，自治区社科联主席高慧广将内蒙古社会科学创新平台——沿黄生态保护与高质量发展智库联盟牌匾授予鄂尔多斯学研究会

2020年5月27日，自治区社科联党组书记高慧广一行来研究会调研并座谈

2020 年 8 月 27 日，内蒙古学研究会成立大会在鄂尔多斯召开

2020 年 8 月 30 日，鄂尔多斯学研究会驻会人员与荣誉会长、专家委员会副主任合影

2020 年 10 月 14 日，与中国地方学研究联席会主席方成员共商地方学大计

2020 年 10 月 28 日，奇海林会长参加鄂尔多斯电视台"知行阅读会"

2020 年 10 月 28 日，会长奇海林教授走进鄂尔多斯电视台，在"知行阅读会"分享《鄂尔多斯学概论》

2020 年 11 月，奇海林会长与复旦大学长江学者纳日碧力戈先生在昆明参加中国民族理论学会专题会议

　　2020 年 11 月，奇海林会长与内蒙古民族理论学会王有星会长、鄂尔多斯市委党校敖明副教授在昆明参加中国民族理论学会专题会议

　　2020 年 11 月，奇海林会长与中国民族理论学会常务副会长陈楗越先生、中国社科院民族所民族理论室副主任张少春研究员在昆明参加中国民族理论学会专题会议

2021 年 4 月，会长奇海林与郝时远先生交谈

2021 年 7 月 9 日，鄂尔多斯学研究会党支部在桃力民抗日根据地旧址开展主题党日活动

2021 年 7 月 11 日，在乌兰镇召开"黄河几字弯高质量发展文化与智库建设专题调研"座谈会

2021 年 9 月 16 日，组织召开《鄂尔多斯大辞典》修订座谈会

2021 年 9 月 16 日，组织召开"黄河几字弯绿色高质量发展"学术研讨会

2021 年 9 月 23 日，与准格尔旗老干部局合作拍摄的《准格尔婚礼》纪录片开机仪式

　　2021 年 12 月 21 日，组织召开《2035 的鄂尔多斯——发展预测与战略研究》新书发布座谈会

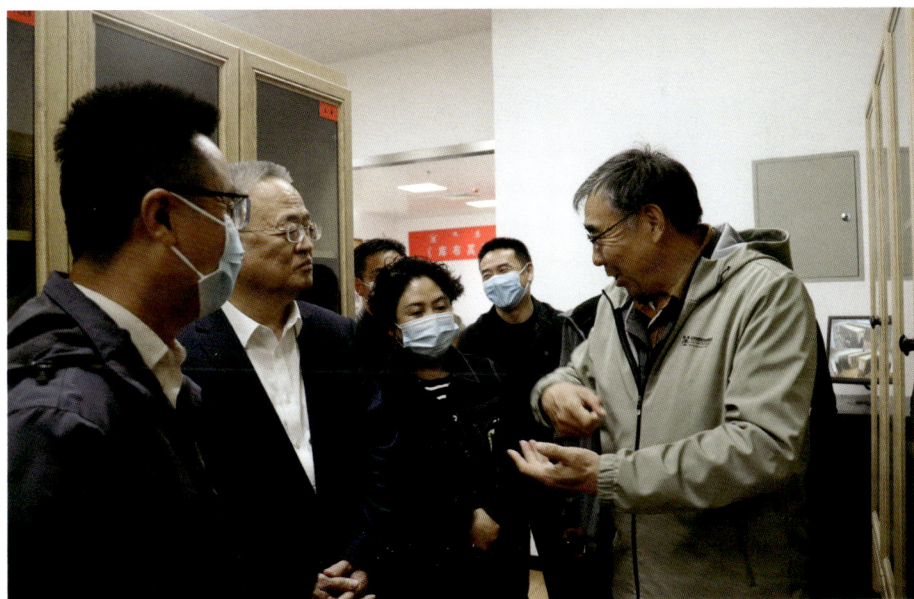

　　2022 年 4 月 15 日，鄂尔多斯市社科联主席王云、鄂尔多斯市档案史志馆馆长王冠中一行实地查看鄂尔多斯文献馆建设

2022 年 5 月 7 日，组织召开鄂尔多斯市庆祝建党 100 周年访谈实录丛书书评座谈会

2022 年 5 月 30 日，举行鄂尔多斯市烈士纪念设施和烈士事迹调查研究工作启动仪式

2022年6月10日，组织召开鄂尔多斯学研究会20年座谈会

2022年9月16日，"鄂尔多斯学宗师·泰斗"获奖者

2022 年 9 月 16 日，鄂尔多斯学研究会成立 20 周年庆祝大会合影

2022 年 9 月 16 日上午，召开鄂尔多斯学研究会成立 20 周年庆祝大会

　　2022 年 9 月 16 日，召开"新时期地方学理论构建与实践探索"全国地方学与地方文化学术研讨会

　　2023 年 2 月 24 日，自治区社科联党组书记乌恩奇一行在鄂尔多斯文献馆指导工作

本书作者（左起：杨勇、奇海林、王春霞）

鄂尔多斯学研究会驻会人员（左起：奇慧、杨勇、奇海林、王春霞、龚萨日娜）

目　录

鄂尔多斯学研究会

布赫

序一　鄂尔多斯学的发展方向

奇·朝鲁

鄂尔多斯学研究会诞生在鄂尔多斯热土上、展现在世人视域里已是20年（2002—2022）整，其间，正好是伟大祖国改革开放持续发展的第二个20年，是伟大的中国共产党十七大至十九大开创新时代历史性新成就、扭转乾坤新变革的20年，也是原伊克昭盟撤盟设立鄂尔多斯市，深化改革开放、持续转型发展、改天换地的20年，是鄂尔多斯学研究会生逢其时其地，遂行盛世、茁壮成长的20年，是鄂尔多斯学研究者们凝心研究、勤奋实践、聚力服务、守正创新的20年。值此鄂尔多斯学及其研究会诞生20周年之际，我想用"凝心研究、聚力服务"八个字为题目，简述我的自我省思所觉，向党和家乡父老乡亲表达我的拜谢大恩之心；浅谈我亲历实践所悟，期望鄂尔多斯学未来更好发展之心愿。

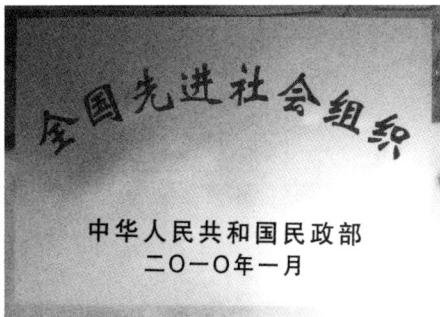

鄂尔多斯学研究会"凝心研究"，初创期所收获的基础性成果有《鄂尔多斯学概论》《鄂尔多斯学研究

成果丛书》、各年度《鄂尔多斯学研讨论文集》、《鄂尔多斯学研究》季刊等数百万字的留存文字记载。"聚力服务"探索性实践所取得的效果有主办、承办、合办、协办的百多次（届）各级各类论坛、研讨会数百万字的论文集，有自治区各盟市首家编纂出版的大型工具书《鄂尔多斯大辞典》，有全国唯一在地市级机关报开办的《鄂尔多斯日报·鄂尔多斯学研究》月刊，以及鄂尔多斯学研究会网站，等等，有资助出版发行专家学者和社会各界人士创作的20多部各类图书，有在国家主流媒体播出的超大容量、全景式、立体式展示鄂尔多斯的《走遍中国·鄂尔多斯——神奇的鄂尔多斯》大型电视专题片和影视作品等。

这些会成为历史记载的数千万文字和影视作品，会告诉人们，鄂尔多斯学研究专家和学者们守正主线、凝心研究鄂尔多斯学知识体系，聚力服务鄂尔多斯的建设发展，辛勤耕耘鄂尔多斯社科文化田园的真实故事；会让人们看到，鄂尔多斯历届党政领导、相关部门负责人和社会大众给予鄂尔多斯学及其研究会的信任和依赖。

多年来，我始终心存感激、珍惜之念，默默鞭策自己努力干下去。今再借此文特表我深切的谢恩之意，并将鄂尔多斯学研究会这20年的历程，按照研究服务的发展程度和进度，大体分为15年实践探索初创期和近5年开启高质量发展期，且就"凝心研究、聚力服务"这个主题，粗议对鄂尔多斯学及其研究会的再认识，浅谈对鄂尔多斯学及其研究会高质量发展、为鄂尔多斯人的全面发展和高质量现代化建设聚力服务的再思考。

鄂尔多斯学研究会，是在改革开放新时期，在鄂尔多斯市较早成立的一个学术型社会组织，是广泛吸引社会各界、各领域、各学科的专家学者，专门从事鄂尔多斯学研究事业的社会组织。组建以陈育宁教授为主任的专家委员会是鄂尔多斯学研究会的创举，也是学术型社会组织的客观需要和主要标志。

鄂尔多斯学是属于中国地方学之一的专门研究鄂尔多斯的一门有实践有理论的综合型学问，也就是研究鄂尔多斯、服务鄂尔多斯的一门学问。凝心，就是"向心""用心"，就是心往一处想，往鄂尔多斯学上想。凝心研究，就是"向心奉献"，就是心往构建鄂尔多斯学学术体系研究上用，也就是发挥鄂尔多斯学研究会平台作用,吸引调动各路专家学者们、爱好者们、志愿者们,凝神潜思,去用心、用情致力于鄂尔多斯学的研究事业。

我们说的鄂尔多斯学概念,是指以鄂尔多斯地方为研究对象的一门系统性、应用性、综合性学问。研究对象决定这门学问的研究范畴、基本内涵、主要内容和研究方向、方法等。鄂尔多斯学从时空概念上讲,是对鄂尔多斯各类重大事务的昨天(历史)、今天(现实)、明天(未来)的状态进行全方位考察;从内涵范畴上,是对鄂尔多斯天地人之间的相互关系、古往今来的鄂尔多斯社会文化形态进行广角度审视;从道理规律上,主要是对鄂尔多斯经济、政治、文化、社会、生态之间相依相存、相互促进的内在关系进行纵横探究。从而将这些知识概括梳理为鄂尔多斯知识体系,理论化、学理化为鄂尔多斯学。

我们对鄂尔多斯这个研究对象的基本内涵的研究,主要集中在鄂尔多斯独有、特色鲜明、自成一体、有自身成长脉络的经济现象、生态现象、社会文化现象上。对其经过系统解读、深入探究、科学解构、理性概括,学理化为鄂尔多斯学知识体系。诸如,较完整地传承保留至今的语言文字、礼仪习俗、音乐歌舞、生产生活技艺、文化遗产等鄂尔多斯优秀传统文化;较完整悠久且独具特色的成吉思汗祭祀、苏勒德祭祀、敖包祭祀等鄂尔多斯传统祭祀文化;通过世代延续或潜移默化传承、记忆的鄂尔多斯文化传统;崇尚自然、敬畏天地、保护草原生态、厌恶环境污染的鄂尔多斯人的生存意识等;在改革开放新时代创造经济社会跨越式发展、经济文化互促联动、经济生态并举的"鄂尔多斯模式"以及在历史进程中形成的中华民族共同体意识和"敢、合、放"的鄂尔多斯精神,等等。这些都是鄂尔多斯知识体系的重要组成部分,是《鄂尔多斯学概论》中论述研究的主要内容。

鄂尔多斯学研究的基本方法是,运用马克思主义唯物辩证法的基本原理,应用马克思主义中国化的习近平新时代中国特色社会主义思想及其认识论、方法论的基本立场、观点和方法;实事求是、具体问题具体分析、系统综合思维方式、多学科综合解读、多角度分析比较研究的方法等。

鄂尔多斯学的研究方向是,探索规律,认识自我,遵循规律,超越自我，道法自然。

鄂尔多斯学及其研究会的目标是，创品牌地方学，建和谐研究会。

"聚力"就是劲往一处使，更好地往发挥创造、激励、凝聚、传承等服务功能上使劲。聚力，主要且重要的是集聚众人的智力，充分发挥每个人的主观能动性，开启智力，聚集智慧的力量。凝心方可聚力，凝心研究方可聚力服务。凝心研究的成果是聚力服务的资本，聚力服务的效果是凝心研究的价值体现。凝心研究、聚力服务是硬功夫，是正能量，是"润物细无声"的慢功、长期发挥作用的隐功、以文育人的文功。真正凝心聚力，方可见到长效的精功。鄂尔多斯学是一门研究鄂尔多斯、服务鄂尔多斯的社会应用性学问。凝心研究鄂尔多斯知识体系，聚力服务于鄂尔多斯社会实践，是构成鄂尔多斯学不可或缺的一体之两翼。聚力服务，就是应用鄂尔多斯学的创造、激励、凝聚、传承功能，采取专题调研、课题研讨、著书立说等多种形式，直接或间接服务于鄂尔多斯人的全面发展，逐步提升鄂尔多斯人口整体素质，进而服务于鄂尔多斯政治、经济、文化、生态、社会协调发展，促进鄂尔多斯高质量现代化建设。

鄂尔多斯学研究会 20 年来所实行的"立足学术、服务建设、创新机制、着眼发展""举社会之力 办大众之事""向心、奉献、低调、务实、节俭、高效"等，其实都是从一个社会组织自身体制机制、自我管理中实践操作的具体实际情况出发，对"研究、服务"的方向路径、理念范畴、操作规程、形式方法的具象表述。实践证明，这是一些适应社会规范、符合自身发展要求的举措，行之有效的做法。

时移世易，与时俱进者明，因势利导者进。幸逢盛世，天高海阔，龙腾虎跃，各显其能。与全国地方学和地方文化研究团体偕行 20 年，鄂尔多斯学研究会初步展示了自己的品牌形象，持续提升了自己的能力水平、不断增强着自己的服务本领效能。如果说鄂尔多斯学研究会的前 15 年是研究服务实践探索的初创期，那么第四届理事会这 5 年，可以说是开启步入鄂尔多斯学研究会及其研究服务事业的高质量发展期。何以见得？仅就本人旁观耳闻的 6 件事略作说明。

一是奇海林教授提出了鄂尔多斯学"思想体系、知识体系、话语体系"

的论述，对鄂尔多斯学研究有与时俱进的新见解、新认识；对鄂尔多斯学研究专家队伍吐故纳新、老中青三结合，显示出新活力、新水平；对未来发展有了更充足的信心。

二是对鄂尔多斯市委、市政府"走好新路子建设先行区"的新战略、新部署，深入学习宣传、开展专题研讨、提供咨询服务，出版专刊专著。

三是担负黄河流域生态保护和高质量发展联盟"盟主"之责，身心齐用，主动思考，积极作为。

四是把讲好鄂尔多斯红色故事、研究鄂尔多斯红色文化列为鄂尔多斯学重要研究课题和鄂尔多斯学知识体系重要组成部分。

五是与鄂尔多斯市委老干部局合作开展庆祝建党百年访谈活动，编写出版访谈录丛书。

六是内蒙古学由内蒙古自治区社会科学界联合会在鄂尔多斯市提出，内蒙古学研究会在鄂尔多斯市宣告成立，在《内蒙古学概论》有关篇章中多处点到鄂尔多斯学及其研究会。这些都说明内蒙古自治区社会科学界联合会历届领导和专家学者，多年来给予鄂尔多斯学研究会特别关注，对鄂尔多斯学研究事业可持续发展给予精心指导，对服务地方建设发展举措效果的首肯鼓励。当然不只是我说的这些，恕不在此多言。深信有中国地方学研究联盟和内蒙古学研究会榜样力量的引领带动，鄂尔多斯学研究会，定能再接再厉、信心百倍、豪情满怀、昂首阔步前进在高质量发展的新征程上，做出不负时代、无愧自心的业绩。

凝心研究鄂尔多斯学，潜心研究鄂尔多斯知识体系学理化；聚力服务鄂尔多斯人的全面发展，为鄂尔多斯高质量现代化建设尽心尽力，是鄂尔多斯学及其研究会高质量发展期的基本职能。

鄂尔多斯市高质量现代化建设，首要的应是鄂尔多斯人口素质全面提升的现代化。人的全面发展过程，是高质量现代化建设的第一动力和基本要素。只有人的德智体美劳和世界观全面发展的现代化，才是高质量现代化建设。在中华民族优秀传统文化视野里，就是"天人合一""和为贵""己所不欲，勿施于人""天行健，君子以自强不息""苟日新，日日新，又日新"等文化品质的传承和精神基因的延续弘扬，也是对"仁、义、礼、智、信"孝、悌、忠、勇、慎"以及"修身、齐家、治国、平天下"之道的时代新解和新运用。这就是创造性转化、创新性发展传统文化，服务于以文化人的时代任务。新时代以文化人和以人创文是辩证统一关系。这正是鄂尔多斯学研究"以人创文"和"以文化人"功能的切实发挥，即以文涵养充沛的核心价值引导力、中华文化凝聚力、时代精神推动力，以充实人的主观能动性，就是以核心价值体系推动鄂尔多斯学学术体系的构建，以适应鄂尔多斯人高质量发展高品质生活的追求。也就是说，鄂尔多斯高质量现代化建设，不光是物质富足，还要精神富有，是高质量高效率生产、高品质有尊严生活的现代化。鄂尔多斯学研究事业高质量发展，就要相应生产高品位的研究产品，创造出高水平的研究成果，尽力供应鄂尔多斯人追求多样化、多层次、多方面的高品质生活需要。

鄂尔多斯高质量现代化建设，是以创新、协调、绿色、开放、共享新理念，引领政治、经济、社会、文化、生态一体建设，信息化、数字化、科学化发展的现代化，是生态优美、天人共生、绿富同兴的现代化，是人民至上、社会和谐、文化繁荣的现代化，是依法治市、公平正义、民主和谐、共享幸福生活的现代化，更是鄂尔多斯各族人民听党话跟党走，铸牢中华民族共同体意识，携手同心共圆中华民族伟大复兴梦。鄂尔多斯学研究会在以上这些方面的研究服务中发挥自己的作用和影响力，鄂尔多斯学研究事业自身高质量发展，就能更好地承担为鄂尔多斯市高质量现代化建设尽心尽力的光荣使命。

我在鄂尔多斯学研究会成立15周年时所写的《探究、收获、瞻念》一文中，曾概述了所做的"三件大事"，即创立了一个品牌，创办了一个平台，创建了一个团队。时过五年的今天，再读再想再认识，虽有智小言大、用词欠妥之嫌，有短缺遗漏不尽如人意之处，但可以肯定的是，所说的都是客观存在的事实。是大是小是相对而言的，我们心中有数。是长是短自有社会各界和后人评说，让历史检验。那是我历任三届会长后，向一起同心协力、同心奉献十五年的百多位专家学者和会员们，表达我省思谢恩的辞文。现在，我说鄂尔多斯学研究会第四届理事会这五年，是鄂尔多斯学及其研究会步入高质量发展期，是我的心里话，也是大家认可的事实。在这里我说我的那篇文章中欠缺而须再加一点补充说明的是，倡导成立中国地方学研究联席会那件事。历经17年实践之后，再看再想，应该说那也确实是一件很有长远意义的新事、大事。从全国各地各路专家学者对联席会这些年的青睐和器重看，大家对其意义、作用又有了新的、更高的认识。北京联合大学北京学研究所担任第二任执行主席这十几年，名副其实，使联席会承担了"联盟"使命，组建了联盟学术委员会，与鄂尔多斯学研究会分工合作，陆续组织编辑出版了中国地方学研究成果系列《地方学研究》辑刊和学术网络文苑。组织举办过多次（届）国内、国际高规格、高水准的学术研讨活动。致力于推进地方学和地方文化研究的深化与国际化，着力于《中国地方学》特色品牌的塑造。这样，就使中国地方学研究联席会联盟影响力持续扩展，联盟作用力不断提升，品牌效应力日益彰显。鄂尔多斯学研究会专家学者及我本人倍感欣慰、钦羡、爱慕。鄂尔多斯学研究会，在内蒙古乃至中国西部当年是唯一一家专门研究鄂尔多斯学的地方学研究社会组织。那时，全国改革开放20多年的实践，唤醒鄂尔多斯人紧跟时代步伐的觉悟，成立了鄂尔多斯学研究会。进而启迪鄂尔多斯的包容开放意识更加浓烈，视野更加广远，胸怀更加宽阔，与全国地方学研究兄弟团体交往交流的愿望更加迫切自觉，方才催生了举起"中国地方学"名片，成立"中国地方学研究联席会"的动议，得到南方发达地区的积极响应。说明正好契合各家的心愿，成员单位迅速增加到30多家。这样，各地地方学研究团体之间就多了一条联系联络的新渠道、新途径，密切联谊有了新场所、新舞台，走向联合体有了新思路、新动作，有了外界更多了解、更好认识鄂尔多斯的新窗口。于是开拓了全国各地地方学之间交往、交流、交融的新境界，开创了携手并进的新局面。鄂尔多斯学研究的专家学者们更是把联席会当作交心联谊的文化家园，把所举办的论坛研讨活动和刊物网络当作学术交流的权威舞台和载体。凡是由联席会主办成员单位协办举办的各级各类活动、各家各路专家学者都能积极准备论文，主动报名投稿，共同研讨有关地方学建设发展的主题，探究各地各方面的热点难点话题。在这个联盟大家庭里，全国各地各民族的专家学者们都能平等民主，相互爱戴尊重，相处亲密无间。在交往中，建立友谊，互识互信，倾心探讨学术，着力事业发展，服务全面建设；在学术交流中开阔视野，开拓领域，互学互鉴，提高研究水平，提升精神境界，紧密团结合作，携手共同进步；交往交流中培育交融共识，思想观点交锋情感心灵交融，奠定了共同思想信念基石，巩固了共有精神家园，共铸了中华民族共同体意识，共同为中华民族伟大复兴团结奋斗。在中国地方学研究联席会（联盟）里，汇聚了全国 10 多个省区市 30 多家地方学和地方文化研究团体。其中有省市自治区级的，有高等学府研究机构的，也有地市县市级基层社团的。其涉及面之广、学术规格之高、人数之众，是盛况空前的。就文化概念而言，可谓中华大地上盛开着的中华文化色彩斑斓的社科之花。中国地方学研究，是对博大精深的中华文化与绚丽多彩的地方（民族）文化资源之间关系进行深入开掘、科学整合、融会贯通的系统研究。这就必然要求在地方学研究者的交往交流中增进对中华文化和各地（民族）优秀文化的自觉自信，树立科学正确的历史观、民族观、发展观，提高对"五个认同"的理性共识；在交融中增强各地方学各民族间的人心归和、精神相依的情感依托，形成人心凝聚、团结奋斗的精神力量，坚定共筑中华民族共同体的牢固意识，让中华民族共同体千秋万代牢不可破。这也是内蒙古自治区成立较早的鄂尔多斯学研究会专家委员会一直恪守的理念信仰。这应是今后凝心研究鄂尔多斯学，聚力服务鄂尔多斯高质量现代化建设，所始终应该倾心依托的根本遵循。中国地方学研究联盟，为逐步实现中华各民族在空间、文化、经济、心理等全面嵌入服务的功能作用是非常显著的，是应该长期坚持努力去实践的。鄂尔多斯学研究会，要更加珍惜爱护《中国地方学》特色品牌，继续一如既往地积极参与联盟的活动，以实际行动支持北京学研究基地北京学研究所执行主席方的工作，带领好联盟各成员，大家齐心协力办好联盟的事情。要尽全力配合支持内蒙古自治区社会科学界联合会和内蒙古学研究会。让中国地方学特色品牌之光，闪耀于全国乃至世界文化之林。这是我在此添缺补漏的一点粗浅想法。

今年是我国进入全面建设中国特色社会主义现代化国家、向第二个百年奋斗目标进军的重要一年，喜逢我们百年大党将召开第 20 次全国代表大会之年。今年又是鄂尔多斯市成立第 21 年，是鄂尔多斯市经历了 20 年高速高效建设发展，迈上"走好新路子、建设先行区"高质量现代化建设新征程新的"赶超"年。鄂尔多斯学研究会正道沧桑二十年，今年是鄂尔多斯学研究会第四届理事会届满换届年。回眸来路，感慨万千，翘首未来，希冀千万。鄂尔多斯学及其研究会，使命担当在肩，任重道远。我相信，只要自身始终追求高质量的建设发展，定可担当胜任，绝不辜负时代使命。

鄂尔多斯学研究会第五届理事会这五年是凝心研究鄂尔多斯学，努力构建鄂尔多斯学学术体系，聚力服务鄂尔多斯人的全面发展，为鄂尔多斯高质量现代化建设尽心尽力的关键期。我认为就更应继续重点抓好三项建设，即思想政治建设、管理体制机制制度建设和文风学风作风建设。鄂尔多斯学及其研究会的职能性质，决定了必须把思想政治建设放在首位。这就要求鄂尔多斯学研究者和鄂尔多斯学研究会工作者，都必须时刻努力学习好、领会好、掌握好、宣传好习近平新时代中国特色社会主义思想，深刻理解核心要义和精神实质，准确把握指导意义和实践要求，指导转变自己的思维观念，指引勘正自己的行为动作。笃爱中国特色社会主义的坚定不移，笃信中国共产党科学决策全面领导的无坚不摧，笃认中华各民族团结奋斗力量的无往不胜，笃守新时代新发展理念的始终不渝，笃志永葆党的生机活力的自我革命精神，笃定铸牢中华民族共同体意识的坚定信念，等等，都是政治思想建设丝毫不可偏离的政纲、主轴、底线，都是鄂尔多斯学研究会的研究服务所必须把握好的原则、立场、问题。时刻守正主线抓住纲，秉承实事求是思想路线，树立人民至上的服务观，增强使命感，恪守责任心，防得住名利诱惑，经得起风险考验，做一个德业双馨的研究工作者。

鄂尔多斯学研究会组织机构管理体制运行机制建设，要适应全面深化改革、全面从严治党、全面依法治市大局，不断创新自我管理体制机制，依据政策法规健全完善自身的各项规章制度。靠制度好吸引人才，充分发挥人才优势。进一步建立健全专家委员会委员选聘任用制度，实行课题研究项目和服务项目专家责任制。用制度优势聚集人才资源，用人才优势承揽完成研究服务项目。按照上级主管部门有关法规要求，相应健全完善学习、宣传、财务、文档、人事、奖惩、考核等具体制度。本着量力而行、尽力而为、讲求质量和实际效果的原则，周密安排好各类各项形式多样的研讨服务活动。

高质量的现代化建设，呼唤高品格、高水平的人才创新驱动，依靠高素质的人民大众齐心聚力不懈奋斗。专家委员会是鄂尔多斯学研究会的主力队、生力军。鄂尔多斯学研究专家学者，是鄂尔多斯学研究会形象塑造者、鄂尔多斯学形象代言人。鄂尔多斯学研究会专家委员会的学风、文风、作风，是履行凝心研究聚力服务使命担当的决定性精神文化要素。只有高品格、高修养的专家学者创作出高品位、高水准的作品，方可起到创新驱动、高质量服务现代化建设的非常积极的作用。必然要求专家学者端正学风，改进文风，转变作风，与时俱进勤作为。要坚决摒弃"假、大、空""低俗、庸俗、媚俗"的歪风邪气，力戒形式主义、官僚主义作风的侵蚀。有所为有所不为，有担当不越位，创作精品善作为。听党的话，说真话办实事，跟党走。精益专业能力，严谨行为本事，深化内涵意蕴，精准服务到人到心。

"天行健，君子以自强不息。""地势坤，君子以厚德载物。"这两则名言至理，如今仍为高人名家所引申，讴歌祖国、教诲做人、传颂精神、传承千载。天地与人对应，当效法天道之健，坤地之厚，自强不息，容载万物。这充分体现了中华民族深沉悠久的精神追求和坚韧不拔的秉性气质。一个人有一个人的命运，一代人有一代人的使命。都与天和地、党和祖国、社会和时代、家乡和亲人血脉相连，休戚与共、荣辱与共、命运与共、生死与共。鄂尔多斯学及其研究会，是改革开放新时代出现在鄂尔多斯的新事物。当初在中国西部内蒙古自治区，可谓独树一帜、独步一时、独辟蹊径。竟然有一群专家学者无怨无悔地簇拥着，在鄂尔多斯市历届党政爱抚和社会大众诚心相助下，诚如鄂尔多斯学专家委员会主任奇海林教授所讲的那样：成长为"因时代而立、因文化而强、因个性而美、因交流而跃、因作为而兴"的中国地方学品牌，成为闪烁在中国地方学领域的一颗新星。在热情投身于鄂尔多斯学研究事业的专家学者心目中，就是他们为鄂尔多斯更高、更强、更好、更美的发展进步，能尽一片心、出一份力的文化园地；是他们付出聪颖智慧、辛劳汗水聚力耕耘的社科田园；是他们阅读鄂尔多斯、打造鄂尔多斯学、认知社会、增长才干、体验人生获得感、尊严感、幸福感的精神家园。初心不改，毅力更坚，不负时代，光荣属于承前启后不懈奋斗的人。中华民族伟大复兴曙光在前，第二个百年奋斗目标指日可待。鄂尔多斯高质量现代化建设，"走好新路子、建设先行区"新征程的"赶超"战鼓雷鸣，千军齐发，万马奔腾。古人言：行百里者半九十。此言寓意事情越是接近成功，难度越大。鄂尔多斯高质量现代化建设发展，机遇与挑战并存。凝心研究鄂尔多斯学大有作为，聚力服务鄂尔多斯高质量现代化建设大有可为。这就需要我们充分发挥抓住机遇的敏锐灵气，增强应对挑战的意志定力，努力去做好自己该干能干的每件事情。鄂尔多斯学及其研究会，筚路蓝缕开拓进取二十年，步入着力构建鄂尔多斯学思想体系、知识体系、话语体系的高质量发展期，来之不易。机遇难得，前景光明，前路透迤，当谨记前事不忘后事之师。尤须弘扬自强不息、厚德载物之精神品质，认识自我，超越自我，不卑不亢，不躁不馁，稳健前行。我坚信：诸位志同道合者对此是笃信不二、笃定不移的。不揣浅陋，赘言不济，聊以自学自省。期盼方家勘正，知音指点，祝福共勉共享。

奇·朝鲁（1942—），达拉特旗人，中共党员，1966 年毕业于内蒙古师范大学。曾任鄂尔多斯市人民政府巡视员，鄂尔多斯学研究会首任会长，中国地方学联席会首任主席等职。鄂尔多斯学研究会荣誉会长。

序二 鄂尔多斯学的认知观

陈育宁

　　20 年前，在奇·朝鲁先生的倡议下，鄂尔多斯市委、市政府大力支持，组建了鄂尔多斯学研究会，开始创建一门新型的地方学——鄂尔多斯学。鄂尔多斯学研究会和鄂尔多斯学坚持 20 年不断创新前行，深入探讨鄂尔多斯的历史文化和现实发展，取得了一系列成果，产生了广泛影响。同时参与了国内地方学的交流，对于地方学建设作出了贡献。这些成绩的确是来之不易。

　　20 年来，我有幸受奇·朝鲁先生的邀请，参加了研究会和地方学创建的活动，使我在鄂尔多斯有过亲身经历和历史研究的基础上，又有了进一步认识和研究鄂尔多斯的机会。这是我一段重要的人生经历，我深感有收获，很充实，更加热爱和感恩鄂尔多斯。人们在回顾和总结创建鄂尔多斯学这一新事物的经验时，提出了很多影响因素，如倡议者的贡献，确定的办会宗旨和活动机制，发挥专家队伍的作用，领导及社会各界的支持，对外交流与借鉴等等，这都是鄂尔多斯学研究会和鄂尔多斯学能够立得住、走得稳、不断发展创新的主要原因，也是我完全赞同的。

　　在这里，我想从学术思想的角度谈一点自己的想法。正如鄂尔多斯学

的倡导者、首任会长奇·朝鲁先生所概括的："鄂尔多斯学的提出和创建，是对鄂尔多斯人文资源的丰富性、独特性给予了新的认识和评价；是对鄂尔多斯地域及民族特色文化资源和文化体系的一个新概括，建立起一个新的知识架构。"[1] 这是对鄂尔多斯学的一个基本定位。

对于鄂尔多斯学的具体研究内容，在研究会成立之前，我在与奇·朝鲁先生沟通想法时，曾提出如下 6 点：一是鄂尔多斯历史悠久，积淀丰厚，是我国统一多民族国家的组成部分；二是历史上北方多民族共同活动的舞台，是民族汇聚、交往最集中的地区，是研究中国历史上民族关系的典型；三是在一个地区内集中体现了蒙古族民族经济与文化的基本内容、形态和特征；四是一个生态环境历史演变和生态重建曲折历程的典型；五是新的历史条件下中国西部民族地区发展的一个缩影；六是对外开放及国内外产生的深远影响。[2]

10 年过去了，经过研究会专家深入的探讨，在 2012 年出版的由奇·朝鲁和我主编的《鄂尔多斯学概论》中，将鄂尔多斯学的主要内涵概括为特色鲜明的 6 个方面：1. 较完整地保留了蒙古族的传统文化；2. 保留了蒙古族独具特色的祭祀文化；3. 生态演进的历史经验；4. 传承文化的深厚传统；5. 创造了经济社会跨越式发展的奇迹；6. 敢为人先的鄂尔多斯精神。

又一个 10 年过去了，适逢党的十八大以来，在习近平新时代中国特色社会主义思想指引下，鄂尔多斯学的内涵与外延与时俱进，又有了新的扩展。奇海林会长提出，鄂尔多斯学的研究对象要具有思想体系（"学魂"或"学脉"）、知识体系（"要素"或"载体"）、话语体系（"应用"或"表现"）三个特点。"随着地方发展实践的需求，地方学的发展与深化是历史必然"，要"始终沿着自己确定的研究对象，立足当地实践、深入细致研究、成果应用得当，而且不断与时俱进"。[3] 我们相信，鄂尔多斯学面对新时期的新实践，一定会做出新的研究和实践。

20 年来对鄂尔多斯学内涵的不断探索，有不少新拓展，而就大的方面

1　奇·朝鲁：《鄂尔多斯学与地方学》，《心路》（鄂尔多斯学研究成果丛书），2012 年 7 月。

2　2002 年 3 月 22 日陈育宁写给奇·朝鲁同志的信《关于建立鄂尔多斯学的初步建议》。

3　奇海林：《鄂尔多斯学的研究对象》，《鄂尔多斯学研究》2021 年第 3 期。

来讲，大体围绕 3 个领域：一个是鄂尔多斯的历史，一个是鄂尔多斯的民族，还有一个是鄂尔多斯的现实发展。

为这 3 个领域的研究确立一个基本观点，或者说一个指导思想，是鄂尔多斯学重要的学术基础。鄂尔多斯学之所以 20 年来有一个明确的目标，而且愈益扩展和丰富，功能越来越明显，与鄂尔多斯学立"学"的思想基础，即对研究的主要问题认识的观点、认识的角度、认识的方法关系极大，或者说，与鄂尔多斯学的认知观是否正确关系极大。我用了"认知观"这样一个概念，主要想说明的是，有一个正确的学术指导思想和基本观点至关重要，从起步时就不能含糊，它应该是鄂尔多斯学内涵的核心，是"学"的灵魂或立足之本。

从 3 个研究领域来看，我们所坚持的基本学术观点是：

第一，中华民族历史观：鄂尔多斯历史的基本特征是各民族相互交融和共同开发。从某种意义上讲，鄂尔多斯学的起步是从研究鄂尔多斯历史开始的。用什么样的历史观来看待这个地区的历史，是认识鄂尔多斯的出发点。依据大量的历史记载、考古实物证明，鄂尔多斯地区"从旧石器时代晚期开始，这里就是我国北方古代文明的发祥地之一，这里又是中国统一多民族国家形成时最早的开发和组成部分，此后一直是历史上北方多民族共同活动的舞台，是民族汇聚、交往最集中的地区，民族关系的演变在这里得到了充分的体现"。[1] 这种各民族交往交流、你来我往，相互竞争、相互依存的紧密关系从未间断，特别是中原传统经济文化对这一地区产生的巨大吸引力和辐射力，因之成了多民族不断聚集之地。这些先后出现在鄂尔多斯的众多民族，或多或少参与了这个地区的开发，覆盖农业、畜牧业、手工业、城镇交通、工商贸易、边塞工事及各类文化领域促进了地域文化的形成。他们共同开发了鄂尔多斯，共同创造了鄂尔多斯的文明。也正因为如此，鄂尔多斯地区的各民族与国家命运紧密相连，从来都是中国统一多民族国家和中华民族形成发展中的重要组成部分。

这个事实决定了，多民族相互交融共同开发是鄂尔多斯历史的基本脉络。鄂尔多斯的历史"是各民族人民共同创造的；在这个历史过程中，各

1　陈育宁：《关于鄂尔多斯学之我见》，《西北民族研究》2003 年 12 月 31 日。

民族之间由于社会经济的根本原因，结成了密切联系、互相依存的民族关系。这种民族关系，形成了共同推动历史前进的聚集力量，成为统一的多民族国家长期稳定的基本因素"。[1] 这种民族关系建立在各民族对中华民族共同体高度认同的基础上，历经考验，牢不可破，成为不断创造中华文明的内在动力。这是中华民族历史观的基本内涵，也是我们研究和认识鄂尔多斯历史要把握的基本观点和基本结论。

20 年来，鄂尔多斯学研究会发表的众多历史研究成果，所立的项目课题，所举行的学术研讨会议，凡涉及地区历史的问题，都是围绕着这个基本观点展开的。这个基本观点为我们认识鄂尔多斯地区多民族历史打下了牢固基础，也给社会宣传和普及定下了基调，使中华民族历史观深入人心，增强了中华民族和中华文化的自信心。这是研究会的任务和职责，也是鄂尔多斯学的题中应有之义。坚持这个基本观点，完全符合习近平总书记提出的加强中华民族共同体建设和铸牢中华民族共同体意识这一指导思想的要求，也更加明确了鄂尔多斯学正确的学术导向。

第二，多元一体民族观：鄂尔多斯蒙古历史文化是中华民族共同体和中华传统文化不可分割的一部分。从十四五世纪蒙古部落进入鄂尔多斯地区，此后有着特殊使命的鄂尔多斯部长驻于此，一直到现在，他们经历了从古代民族到现代民族的演进，成了在鄂尔多斯时间久、人数多、保留继承蒙古族传统文化多、对鄂尔多斯开发贡献大的少数民族。因此，鄂尔多斯学理所应当地将鄂尔多斯蒙古历史文化作为主要研究对象，并且，这也成为鄂尔多斯学的一个主要特征。

我们不难发现，鄂尔多斯蒙古在这个与中原近在咫尺、又相对独立的地理环境之中，发展壮大的一条基本轨迹是，既积极吸收中原先进文化及周边民族的文化元素，又力求保留本民族文化的许多传统，他们在与各民族交往、交流、交融的过程中，相互吸收，逐步强大，为开发建设鄂尔多斯做出了多方面的贡献。鄂尔多斯蒙古历史文化所呈现出的诸多特点，说明它是一个内容丰富的综合体，它蕴含着深厚的中华传统文化，也包含着

1　陈育宁：《鄂尔多斯地区民族关系的历史考察》，《内蒙古社会科学》1983 年 10 月 28 日。

丰富的民族文化元素，又以自身特殊的形态表现出来，成为中华民族丰富多彩的多元文化中的组成部分。

过去我们在民族研究方面较多地注重少数民族个体研究，完成了从民族识别到各民族历史文化语言的调查，这是完全必要的，为全面了解我国多民族的历史和现状打下了基础。改革开放以后，各民族的发展进步和民族研究的扩大深入都进入了一个新的阶段。中华民族多元一体格局理论观点的提出，为我们提供了更加科学明确的民族观，既深入发掘和剖析鄂尔多斯蒙古历史道路和文化资源的来龙去脉、演变规律、表现形态，更注重运用历史的辩证的认识论和方法论，把共同性与差异性、多元化与一体化、全局与局部紧密结合起来，把鄂尔多斯蒙古的演进置于中华民族和中国历史大背景及发展趋势中去认识。特别意识到，我们不能局限于对一个民族地区、对一个民族的微观研究，更不能过分强调个体的差异性和独特性，更要看到，在我国历史上，没有一个地区或一个民族能够脱离统一多民族国家而独立存在，"多元"中的任何一个都不是孤立的，他们都是在相互交融汇合中既成为大家庭的一员，又形成了适合于本民族社会生活需要的文化形态。坚持多元一体民族观指导下的民族研究，使我们具有了历史的宏观发展眼光，厘清了各民族历史文化与中华文化的渊源关系，从而使我们对中华民族共同体及中华文化的认识更加客观全面。

习近平总书记在 2014 年中央民族工作会议上指出："我国各民族在分布上的交错杂居、文化上的兼收并蓄、经济上的相互依存、情感上的相互亲近，形成了你中有我、我中有你，谁也离不开谁的多元一体格局。"鄂尔多斯地区正是这样一个具有鲜明多元一体格局特征的典型地区。习近平总书记在 2021 年 8 月中央民族工作会议上进一步指出，要处理好共同性和差异性的关系、中华民族共同体意识和各民族意识的关系、中华文化和各民族文化的关系、物质和精神的关系。这是运用历史唯物主义和辩证唯物主义对民族关系重大问题的深刻阐释。各民族之间的差异依然存在，承认和尊重差异，研究和认识差异，是为了更清晰地看到共同性是如何聚集和日益增强的，是如何成为历史主流的。历史表明，中华民族共同体形成的内在逻辑是从差异性认同到共同性认同，从多元认同到一体认同，从自在认同到自觉认同，这也完全符合人们从个别到一般的认识逻辑。千条万条小河汇成了一条奔腾不息的大河。没有对一条一条小河的了解，就不可能对大江大河有一个宏观的认识。这正是历史发展的规律所在。

第三，区域协调发展观：鄂尔多斯地区经济社会的协调发展，是鄂尔多斯各民族共同利益、共同富裕的必然选择。习近平总书记在 2014 年中央民族工作会议上指出，在民族区域自治地方，要坚持统一和自治相结合，坚持民族因素和区域因素相结合，各民族享有平等的法律地位。特别强调，关键是帮助自治地方发展经济，改善民生。民族区域自治地方是党领导下各族人民共同拥有的地方；自治地方经济社会的繁荣发展，是各族人民共同追求的目标。这是我们认识问题、处理问题的大原则、大前提。

鄂尔多斯学研究的一项重要功能，是做好地方经济社会发展的咨询和智库工作，也即研究会提出的"知识体系＋应用服务"的办会要求。对鄂尔多斯这个民族地区来讲，研究经济社会发展问题，不同民族面临的重点、难点问题有所不同。因此，对于不同民族的具体发展方式是必要的研究内容，也需要有特殊政策措施的支持。但更重要的基础和基本出发点应是鄂尔多斯地区的区域协调发展，是探索高质量发展的路径，解决地区发展中的全局和战略问题。这个地区各个民族包括蒙古民族的发展进步，都是和整个区域的高质量发展息息相关。整个区域的高质量发展，才能带动各民族的发展，也是各民族共同富裕的必然要求。改革开放以来的实际表明，鄂尔多斯由封闭走向开放，由生态恶化走向绿色大市，由贫困走向富裕，开创了资源转换新发展模式，为西部民族地区经济社会发展提供了示范和新经验，鄂尔多斯地区各族人民都是这一历史巨变的受益者。在这个转型变化过程中，鄂尔多斯学研究会作为亲历者、见证者，抓住不同发展阶段涉及全局的重点问题，深入调查研究，提出建议方案，诸如生态重建、二次创业、脱贫致富、小康达标、城镇建设、文化创意、产业转型、黄河"几"字弯高质量发展等问题，作为立项支持和研讨的重点，力求用自己的研究成果做好服务咨询工作。

在全面实现小康目标的基础上，到新中国成立 100 周年，"民族地区发展问题可能仍然是现代化建设中难度比较大的问题。从总体上解决我国经济发展不平衡不充分的问题，关键在于民族地区不能'掉队'。在相当长的时期内，这种帮助应兼顾地区因素与民族因素，同时要逐步向地域因素转变，努力做到兼顾该地域各民族群众共同受益。民族地区在发展中存在的大多数问题是地区性的共性问题，而不是某个民族的单独问题"。[1] 在新的形势下，研究民族地区经济社会问题，首先要着眼于全国的大局和自己的地位，着眼于本地区的战略选择和统筹协调，这是提升高质量发展内生动力的主要途径，也是研究者把握新发展阶段、贯彻新发展理念、提供高水平智力支持的必然要求。

习近平总书记在 2021 年 8 月中央民族工作会议上指出："必须以铸牢中华民族共同体意识为新时代党的民族工作的主线。"作为学术范畴的民族地区地方学研究，也必须以铸牢中华民族共同体意识为主线，这是符合民族地区历史和国情的指导思想，也是鄂尔多斯学研究会建会 20 年来能够坚持正确的政治方向和学术导向的主要原因，是鄂尔多斯学的最大学术收获。鄂尔多斯学研究会能够做到这一点，与研究会的创办者、鄂尔多斯学的首倡者、首任会长奇·朝鲁深入学习和理解党的民族理论和政策、对鄂尔多斯地域文化有深厚感情、对家乡建设有强烈的使命感和善于集思广益的办会艺术是分不开的。

鄂尔多斯学进入了第二个 20 年，这是一个极为重要的发展时期。我国将于 2035 年基本实现现代化，并迎接新中国成立 100 周年。鄂尔多斯学对于地区的建设发展负有使命，必将大有可为。我们期待着鄂尔多斯学守正创新，不断用自己的新成果在鄂尔多斯大地上谱写出新的华章。

陈育宁（1944—），山西人，中共党员，1968 年毕业于北京大学，历任鄂托克旗委宣传部副部长，内蒙古自治区社会科学院副院长，宁夏回族自治区社会科学院院长，宁夏大学党委书记、校长，中共银川市委书记，宁夏回族自治区政协副主席，鄂尔多斯学研究会专家委员会主任等职。

1　陈育宁：《从"多元一体格局"到"铸牢中华民族共同体意识"》，2018 年 9 月 12 日在宁夏大学作主题为"从'多元一体格局'到'铸牢中华民族共同体意识，'的讲座。

序三　创建地方学彰显正能量

夏　日

　　地方学研究是一门老学科，而鄂尔多斯的地方学广泛地发展起来是近 20 年来的事，还是由鄂尔多斯学研究会的创立与助推，才使不少地方的有志者们积极行动和组织起来，使鄂尔多斯地方学研究事业进入一个新阶段。

　　鄂尔多斯学研究会是由一位退休的老领导创意创办起来的，他依靠当地的"土专家"、学者、热爱家乡的志愿者以及关心鄂尔多斯的外地专家和走出去的鄂尔多斯人开门办科研，闯出了一片新天地。他就是鄂尔多斯市的前身——内蒙古自治区原伊克昭盟常务副盟长、一级巡视员奇·朝鲁同志。

　　20 年来，鄂尔多斯学研究会在奇·朝鲁同志、陈育宁同志、奇海林同志和杨勇同志领导下做了大量有效工作，取得很大成就，做出很大贡献，产生很大影响。

一、工作、贡献、影响力

一是发表了大量学术性、创新性、理论性文章。二是出版了一大批涉及不同领域的书籍。以上两项，我估计是鄂尔多斯包括原伊克昭盟，发表文章、出版著作最多最丰富的时期。其中，编辑出版的对鄂尔多斯阶段性研究成果的集大成者——《鄂尔多斯大辞典》，对了解鄂尔多斯、认识鄂尔多斯、宣传鄂尔多斯、研究鄂尔多斯，乃至于建设鄂尔多斯发挥了并且继续发挥着深刻而重大的作用。经过这次修订，大辞典的内容会更全面、更深刻，作用也会更大。三是培养了一大群地方学研究人员和不同专业的专家，以及写作、创作人员。这一群人不但已经发挥了积极作用，做出了应有贡献，而且会进一步发酵做出更多贡献，其影响和精神还会传宗接代。四是进一步激发了鄂尔多斯人，包括走到各国各地的鄂尔多斯人，更加热爱家乡，多为家乡做贡献的意识和情怀，这也是一种热爱祖国的爱国情怀。五是为形成关心地方学研究、关心地方建设事业、热爱学习和创作的文明、和谐、积极向上的社会氛围散发着正能量的传导影响。六是团结吸引了不少外地专家、学者来鄂尔多斯考察、调研，甚至参与研究、建言献策、对外宣传鄂尔多斯，扩大了鄂尔多斯的影响力和知名度。七是为地方党政领导和部门工作，提供了不少好意见、好思路，也为地方"五位一体统筹建设""四个全面"战略布局的贯彻，发挥了积极作用。

以上七条，是我仅从鄂尔多斯学研究会 20 年工作影响力方面，概括的工作成绩和做出的社会历史贡献。实际上，创建研究会本身就是一个大贡献。

二、一条经验

我只讲一条经验，这条经验就是开门办会——地方学学说研究工作的群众路线。这也是研究会"举社会之力、办大众之事"理念的具体化。地方学是一门交叉学科，对地方而言也是带有全面性的学说。它像一所综合大学，有许多专业需要设置，需要涉及。一个地区又没有许多研究机构和高等院校，更没有专门、专职科研人员。作为一个群众团体、民间组织最好的办法，就是走群众路线，开门办会，开门搞研究。鄂尔多斯学研究会，做到了，而且做得很好，很有成就，并且创造了一套经验。广泛动员干部群众，广征博集文章、书稿，采访挖掘老同志和学者意见史料，从中发现民间科研成果，发现课题立论，发现参与者；面上开花，点上扎根，逐步形成研究概论；走出去，请进来，主动联合有关部门和机构，搞研讨、办论坛，推动社会研究工作；联系各地地方学研究机构和研究者组织联席会议，互学互鉴，合作交流，而且成功助推了更大范围的地方学研究活动。

三、对今后工作的几点想法

（一）深化一些课题的研究

对 20 年中经过研究会发表、出版的文章和书籍，仔细梳理一下，整理出其中提到的课题、立论、问题和建议，从中筛选出需要深化、补充研究的课题，分别交给几位专家委员会委员深化研究，找资料、找专家，拿出成果，进行论证鉴定。

（二）河套人文化的研究

这是大家都知道的，至今没见到一本关于河套人文化的专著或论文集。请鄂尔多斯学研究会委托专人，关注一下。一是有无专著，有的话引进来，设法再版，补充我们的文献资料；或是把隐藏在各种历史书籍中的介绍文章、研究论述，摘录下来，出一本专辑。

（三）北方骑马民族的研究

内蒙古文物考古队的田广金教授在世时曾说，他从文物考古中发现，北方骑马民族是在原始社会末期，从中原地区北部、内蒙古南部地区、鄂尔多斯一带走出去的人们形成的。所谓北来说、西来说理论，是当时只发现进来的文物证据，而内蒙古朱开沟、大窑文化考古发现的是走出去的证据。从时间及今天的气候情况推测，田教授说得似乎有道理，但需要依据考古学资料、历史知识和自然知识，经过详细考察、验证，才能确定其是不是事实。不管是否历史事实，进行研究，还是有意义有价值的。

（四）鄂尔多斯的青铜文化研究

鄂尔多斯是多民族交往、交流、交融的地区，是农耕文化、草原文化、黄河文化的结合文化，我认为应该在资料收集整理的基础上深化研究，用事实证明鄂尔多斯文化是中华民族共同体文化的集中体现。

（五）整理爱国人物和其先进事迹

近、现、当代的爱国主义人物、革命先烈，以及有大贡献、大功劳者，把他们的先进事迹整理出来，编辑成书。树碑立传，启发教育后人。

（六）为国家发展尽力

建议鄂尔多斯学研究会在"服务建设"办会宗旨的基础上自加一项任务：真正成为鄂尔多斯在全面建设社会主义国家、决胜建国百年新征程伟大事业中的"智库"。不断从国家战略高度提出鄂尔多斯的战略策划、战略措施、战略项目；不断对地方建设不同领域的阶段性工作做出总结，提出建设性意见；不断对地方上出现的倾向性问题，以及群众正当反映，以内参方式提交党政领导参考，或者根据市、旗、区党政领导委托，去完成特定任务。

鄂尔多斯学研究会 20 年研究工作，已经培养了一批了解并关心本市建设事业的正能量研究工作者，有能力做"智库"工作，有能力完成"智库"任务。这项工作，作为一个群众社团，是可以自主去办的。当然市党政领导，同意委托研究会正式成为"智库"更好，如果没有委托，我们也有责任去做这些工作。我说的这是自加任务，是"服务建设"的宗旨所赋予的任务。

夏日（1949—　），准格尔旗人，中共党员，内蒙古自治区政协原副主席，全国十届政协常委，内蒙古沙产业、草产业协会会长，鄂尔多斯学研究会荣誉会长。

序四　我与鄂尔多斯学研究会的情缘

胡益华

成立于 2002 年 9 月 16 日的鄂尔多斯学研究会，迎来 20 周年庆典。回想自己与鄂尔多斯学研究会多年交往的历历往事，不由得让我心生感慨：我竟然与鄂尔多斯学研究会有着日益增进、持续不断、如此深厚的情缘！

一、鄂尔多斯学研究会的成立，我是较早知情者

鄂尔多斯学研究会初创之时，我正好在内蒙古党委宣传部工作，常听单位的同事、学界的朋友说起鄂尔多斯学研究会的事。

那时候，伊克昭盟刚撤盟设市改为鄂尔多斯市不久，以一个地级城市名称为社会组织冠名在国内并不多见，在内蒙古更是首屈一指。有人问：鄂尔多斯学研究会是个什么组织？有人思：鄂尔多斯学究竟是研究什么的？有人怀疑：鄂尔多斯学能成为一门值得研究的学问吗？特别是有人不解奇·朝鲁同志的选择：他刚卸任伊克昭盟副盟长、巡视员职务，好多企业争相邀请他加盟，可他却不为现实利益所动，毅然决然地担负起当时许多人并不看好，也无利可图的鄂尔多斯学研究会会长之职。这些引发了我对鄂尔多斯学研究会的好奇。于是，我向鄂尔多斯学研究会的知情者了解，借到鄂尔多斯市调研时向参与鄂尔多斯学研究会的朋友们问询，还抽空到访过鄂尔多斯学研究会早期的办公场所，见到了鄂尔多斯学研究会的部分同志。

听说鄂尔多斯学研究会初创时期得到一些老领导和专家们的支持，耳闻目睹之后我真的对鄂尔多斯学研究会刮目相看，并从内心里期望鄂尔多斯学研究会能闯出一片体现社会组织特点的天地来。这是我与鄂尔多斯学研究会最早的情感交集，没想到后来交往越来越多，联系越来越密，感情越来越深。

二、鄂尔多斯学研究会的活动，我是积极参加者

在内蒙古自治区社科类社会组织中，鄂尔多斯学研究会举办的学术研讨、座谈交流等活动是比较多的。由于工作关系，我有幸成为鄂尔多斯学研究会系列活动的积极参加者。

我多次参加鄂尔多斯学研究会举办的学术研讨活动。印象最深的有下列三次：第一次是 2016 年 9 月 12 日，鄂尔多斯学研究会主办了"'一带一路'与鄂尔多斯发展学术研讨会"，我在会上做了"领导干部要有善于借助专家智力的思想自觉"的发言，引起与会人员的共鸣。第二次是 2017 年 6 月 25 日，内蒙古自治区社会科学界联合会、鄂尔多斯市康巴什区委、鄂尔多斯学研究会联合举办了以草原、城市、文化为主题的"康巴什论坛"，作为自治区社会科学界联合会的代表，看到那么多领导、专家撰文、参会、发言，想到鄂尔多斯学研究会把研究与服务的触角延伸到了旗县区，我有感而发在论坛上发表了"为康巴什论坛喝彩"的致辞，其中讲到三点联想：一是"小学会"也能够有大作为，二是只有合作才能"双赢"，三是众人拾柴火焰高，这是我参加论坛会时的真情实感。第三次是 2019 年 3 月 23 日，由内蒙古社科院、内蒙古社会科学界联合会主办，鄂尔多斯学研究会承办

的"国际幸福日研讨会"在鄂尔多斯市委党校举办，由于得到鄂尔多斯学研究会的鼎力相助，这次研讨会开得可以说是生动活泼、精彩纷呈、不同凡响。

我曾数度出席鄂尔多斯学研究会的座谈交流活动。印象最深刻的是每年的辞旧迎新座谈会。鄂尔多斯学研究会连续多年在春节前夕举办辞旧迎新座谈会，我曾多次应邀出席。记得 2016 年底在呼和浩特市举办的辞旧迎新座谈会上，自治区数位德高望重的老领导出席并讲话，在呼市的一些社科界专家也发了言，大家听了研究会工作介绍后纷纷给予鄂尔多斯学研究会以积极评价，并提出一些做好今后工作的建议。人气满满、气氛热烈，令人倍感振奋。我事先没什么准备，会议进行中奇·朝鲁会长对我说，益华你也讲一讲吧。随即让王春霞副秘书长把话筒递到了我手上。盛情难却之下我站起来做了一个简短的发言，主要是表达了三点期望：一是积极探索并系统总结鄂尔多斯学研究会的办会经验，二是积极参与并努力成为社会组织中卓有成就的新型智库，三是积极推动并力求形成内蒙古自治区地域文化研究的强大合力。事后，鄂尔多斯学研究会把我的发言整理后以"对鄂尔多斯学研究会的三点期望"为题，发表在了《鄂尔多斯学研究》上，后又编入《探索　收获　展望——鄂尔多斯学 15 周年纪念文集》中。此外，我还参加过鄂尔多斯学研究会举办的"回顾与展望——鄂尔多斯改革开放四十周年社会科学研究座谈会""《2035 年的鄂尔多斯——发展预测与战略研究》新书发布座谈会"等活动。每次想起这些往事、看到那时的图文，我都心生感激、难以忘怀。

三、鄂尔多斯学研究会的成长，我是历史见证者

基于工作关系、历史机缘和个人爱好，我与鄂尔多斯学研究会的几任会长、诸多专家建立了密切联系，并在交往、交流、交融中成为鄂尔多斯学研究会成长的历史见证者。

我在鄂尔多斯学研究会的会员大会上看到了一个社科类社会组织何以

能生机勃勃。我多次应邀出席过鄂尔多斯学研究会庄重喜庆的换届大会及数次相关会议。特别是 2017 年 12 月 17 日鄂尔多斯学研究会举行第四届会员代表大会，我受自治区社会科学界联合会领导委托出席会议，并在会上宣读了贺信。看到那么多领导、专家数十年紧紧相随、不离不弃，积极参与鄂尔多斯学研究会的活动，想到鄂尔多斯学研究会组成人员新老交替平稳有序、工作开展承前启后、广大会员踊跃参与，作为鄂尔多斯学研究会业务主管单位代表的我，真的为鄂尔多斯学研究会组织之规范、领导层之和谐、凝聚力之强大感到振奋和鼓舞。

我从鄂尔多斯学研究会建设的文献馆中感悟到一个社科类社会组织怎么样开拓进取。由一个社科类社会组织创建地方学文献馆，这在全国并不多见，而鄂尔多斯学研究会想到了，也做到了。建馆之初，我曾对他们的举动给予过支持，并做了一些协调工作；建馆过程中，我把相关图书报刊资料赠送文献馆；后来的多次参观中，我越来越感悟到鄂尔多斯学研究会建成的独具特色的文献展馆，真的是一个很有社会价值的社科阵地，也可谓是鄂尔多斯学研究者的精神家园。他们在鄂尔多斯市社会科学界联合会、市委党校支持下创建的"鄂尔多斯文献馆"，汇聚、收藏了数万册鄂尔多斯文献，不仅填补了鄂尔多斯市文献收藏领域的空白，而且拓展了鄂尔多斯学研究会提供社会服务的领域。今年，内蒙古学研究会正与内蒙古师范大学图书馆合作共建"内蒙古书房"，创意就来自鄂尔多斯学研究会创办文献馆的启发。

我从鄂尔多斯学研究会编印的图书报刊里发现了一个社科类社会组织为什么能引领发展。鄂尔多斯学研究会成立 20 年，创办了《鄂尔多斯学研究》、鄂尔多斯学研究会网站，编写出版了《鄂尔多斯学概论》等 100 多部著作，他们以奋发有为的工作精神为政界、学界及公众奉献出无与伦比的研究成果，令人赞叹！作为爱书人的我就收藏有鄂尔多斯学研究会赠送、发放的几十册书籍。每每捧读，常常心生羡慕，为之叫好。

我从鄂尔多斯学研究会深入基层的调研宣讲中，探寻到一个社科类社会组织何以会受到基层干部群众的广泛欢迎。鄂尔多斯学研究会提出了走进校园、走进基层、走进网络的工作思路，我曾有幸跟随鄂尔多斯学研究会的同志到过鄂尔多斯市的大中小学、工矿企业、农村牧区，每到一处发现他们与基层单位的人员很熟悉，每次调研会场气氛很活跃，讲座也深受基层干部群众欢迎，这与他们多年的努力与积淀是分不开的，很值得我们社会组织学习。

四、鄂尔多斯学研究会的发展，我是积极助力者

在鄂尔多斯学研究会的发展过程中，我曾给予过一些力所能及的支持与帮助。

联合举办学术研讨活动，我是积极支持者。在鄂尔多斯学研究会举办的学术研讨活动中，有数次是与内蒙古自治区社会科学界联合会共同举办的。如"中国地方学研究交流暨鄂尔多斯学学术座谈会""'一带一路'与鄂尔多斯发展学术研讨会""康巴什论坛""国际幸福日研讨会"等。我当时任内蒙古自治区社会科学界联合会副主席，对鄂尔多斯学研究会提出的联合举办学术研讨活动倡议不仅给予了肯定与支持，而且数次代表自治区社会科学界联合会出席会议并讲话。

予以表彰奖励并介绍经验，我是鼎力扶持者。鄂尔多斯学研究会以其卓越的工作业绩成为全区社科类社会组织中的杰出代表。该会先后荣获全区先进学会、全国先进社会组织、内蒙古自治区社会科学普及基地等荣誉称号，奇海林、杨勇等同志被授予全区和全国先进学会工作者、社科普及专家荣誉，我在工作中深感他们的工作难能可贵、取得的荣誉实至名归，所以鼎力扶持鄂尔多斯学研究会申报研究课题、参与社科成果评奖，并推荐受到自治区和全国性表彰奖励，还在多个场合邀请他们做过工作经验介绍。

探索融合发展之路，我是创意实施者。为了更好学习借鉴鄂尔多斯学研究会的办会经验，确保内蒙古学研究会可持续发展，我们在创建内蒙古学研究会时，特意选聘鄂尔多斯学研究会会长奇海林同志兼任内蒙古学研究会的副会长，选聘鄂尔多斯学研究会秘书长杨勇同志担任内蒙古学研究会专家委员会的委员；编写出版《内蒙古学概论》时，有意邀请奇海林、

杨勇二位同志出任特邀编审专家，他们认真负责地把关，确保了《内蒙古学概论》的编写质量。犹记得 2021 年 12 月 18 日，《内蒙古学概论》出版座谈会暨内蒙古学研究会、内蒙古学研究基地揭牌仪式在呼和浩特市举行，鄂尔多斯学研究会奇海林会长、杨勇秘书长不辞辛苦专程前来参加会议，并在会上作了发言，给我们以极大支持。着眼未来发展，我想依托内蒙古学研究基地，我们双方可以进一步密切合作、深化交流、互相助力，进而为繁荣发展内蒙古的地方学研究做出我们的独特贡献。

五、鄂尔多斯学研究会的牵引，我是多方受益者

鄂尔多斯学研究会的发展进步，不仅在内蒙古地方学研究方面树立了榜样，也在全国地方学系统赢得了声誉，并被推举为中国地方学研究联席会首任主席方。我在内蒙古自治区党委宣传部、社会科学界联合会及内蒙古学研究会工作期间，诸多方面得到鄂尔多斯学研究会的启发、指导、帮助与支持。

总结推广鄂尔多斯科学发展典型经验，得到鄂尔多斯学研究会的大力支持。我在自治区党委宣传部理论处工作时，直接参与了对鄂尔多斯科学发展典型经验的总结、宣传和推广工作。其中，鄂尔多斯学研究会给予许多智力上的支持。2008 年 11 月 1 日—3 日，自治区党委宣传部、社会科学界联合会、社科院、实践杂志社联合召开鄂尔多斯发展模式理论研讨会，鄂尔多斯学研究会的陈育宁、奇海林、潘照东等专家为研讨会提交了文章；后来拍摄《科学发展观的成功探索——解读鄂尔多斯模式》电视专题片时，鄂尔多斯学研究会专家委员会副主任潘照东研究员勇挑重担，应邀担负起总撰稿任务。

全区社科类社会组织的创新发展，深受鄂尔多斯学研究会给予的帮助。我分管自治区社会科学界联合会社团管理工作多年，通过选树先进典型引领社科类社会组织发展，一直是我们的一个重要抓手。在这个过程中，鄂尔多斯学研究会可以说是功不可没。多少次，鄂尔多斯学研究会在全区社

科类社会组织经验交流会上介绍经验；多少回，鄂尔多斯学研究会的创新举措为全区社科类社会组织的发展开辟出一条新路；多少年，鄂尔多斯学研究会以其创办的报刊、网站等载体为大家传递信息、沟通交流。鄂尔多斯学研究会已成为全区乃至全国社科类社会组织学习的榜样。

"内蒙古学论坛"的举办，得到鄂尔多斯学研究会的鼎力支持。2018年至2020年的三年间，内蒙古自治区社会科学界联合会会同内蒙古党委宣传部、内蒙古师范大学先后举办过三届"内蒙古学论坛"。举办过程中，鄂尔多斯学研究会不仅积极提交文章、派人参会，而且主动代为联络，邀请陈育宁、张宝秀、陈耕等全国知名的地方学专家出席论坛，鄂尔多斯学研究会奇海林、杨勇、包海山等同志还亲自参加论坛并作主旨发言，以实际行动支持我们的工作。

内蒙古学研究会的成立，源于鄂尔多斯学研究会的启发鼓舞。内蒙古学研究会从创意提出到举行成立大会，均与鄂尔多斯学研究会紧密相连。2017年，鄂尔多斯学研究会等单位牵头举办了"中国地方学研究交流暨鄂尔多斯学学术座谈会"，会上时任内蒙古自治区社会科学界联合会党组书记、主席杭栓柱研究员发出了要借鉴鄂尔多斯学研究会的经验，创建内蒙古学的倡议，并提出了创建内蒙古学的设想。为此，自治区社会科学界联合会开始筹建内蒙古学研究会。我作为筹建工作的负责人，多次聆听鄂尔多斯学研究会同志们的意见，调取了该会全套筹建资料及规章制度，让我们的筹建工作少走了弯路。2020年8月27日，内蒙古学研究会成立大会在鄂尔多斯市委党校举行，鄂尔多斯学研究会的同志们从会场布置、代表食宿、媒体宣传等方面给予了全方位的配合与支持。鄂尔多斯学研究会首任会长奇·朝鲁同志还出席成立大会，并在会上发表了热情洋溢的讲话，给我们以很大激励。

内蒙古学研究会的对外联系，得益于鄂尔多斯学研究会的协调联络。在鄂尔多斯学研究会的举荐下，内蒙古学研究会建立了与全国地方学联席会成员单位的联系，并成为其会员；在鄂尔多斯学研究会的联络下，内蒙古学研究会参与了赴浙江省杭州城市学研究中心的学术考察；在鄂尔多斯学研究会的推动下，内蒙古学研究会开始了与内蒙古自治区各地方学研究单位的交流合作。鄂尔多斯学研究会会长奇海林同志还数次举荐我为鄂尔多斯市一些单位作专题讲座，从而扩大了内蒙古学研究会的社会影响。

《内蒙古学概论》的编写，深受《鄂尔多斯学概论》的出版启迪。早在 2012 年 7 月，鄂尔多斯学研究会就由奇·朝鲁、陈育宁先生牵头编写出版了《鄂尔多斯学概论》，这是全国比较有影响的一部地方学著作。我们在编写《内蒙古学概论》一书时，从立论、框架、思路等方面汲取了《鄂尔多斯学概论》的许多精华和鄂尔多斯学研究会同志们的很多建议。

鄂尔多斯学研究会因时代而立、因作为而兴、因交流而跃、因个性而美、因文化而强，一路走过来的这 20 年真的不容易、不简单、不平凡。衷心祝愿鄂尔多斯学研究会继往开来、再创辉煌！

胡益华（1960—），教授，内蒙古自治区社会科学界联合会原副主席、一级巡视员、内蒙古学研究会会长等职。

序五 鄂尔多斯学的历史演进、基本特征和现实路径

翟 媛

鄂尔多斯学不是一蹴而就的，而是一个长期积蓄、形成、完善、成熟的过程。在这个不断赓续发展的进程中，鄂尔多斯学研究逐步形成了鲜明的特征，即具有综合性、系统性、连续性、应用性等特点[1]。著名学者陈育宁先生系统提出："鄂尔多斯学，即以鄂尔多斯地区为对象，进行历史学、民族学、经济学、民俗学、生态学、宗教学以及文学艺术的综合、系统研究的学问。"[2]并进一步提出，鄂尔多斯学研究大致涉及：鄂尔多斯的历史沿革、自然地理、生态演变；民族关系及主要特征；生产方式的演进、经济发展战略的选择；政治制度的变迁；文学艺术和语言发展；宗教文化与祭祀文化；民俗演化和地区重要人物等内容。这些领域既有历史的，也有现实的；既有民族性，也有普遍性；既有理论价值，又有实践意义。因此，简言之，鄂尔多斯学本质上是对鄂尔多斯地区的经济、政治、文化、社会、生态、民族等各方面的专门性、深入性和系统性的学科研究。

1　姚鸿起：《关于鄂尔多斯学对象、特点和研究方法的思考》，《鄂尔多斯日报》2004 年 11 月 18 日第 1 版。

2　陈育宁：《关于鄂尔多斯学》，《西北民族研究》2004 年第 4 期。

一、鄂尔多斯学形成的历史进程

（一）孕育期：新中国成立之前

鄂尔多斯地区先天孕育了文明的各种条件。历史积淀深厚，具有不可比拟的特点；文化资源丰富，具有特殊性和典型性。正如奇·朝鲁先生说道："在几万年的历史演变中，鄂尔多斯积淀了丰厚的文化底蕴，形成了别具特色、极其富饶宝贵、极具开发利用价值的人文资源。这是中华民族文明史中的重要组成部分。其特殊性和典型性又具有不可比拟和替代的优势。"[1] 鄂尔多斯历史上成为我国北方古代文明的发祥地之一，为鄂尔多斯学的形成奠定了基础条件。从旧石器时代晚期开始，鄂尔多斯地区就有了文明火种，它既是中国统一多民族国家形成时最早开发的地区之一，也是北方多民族汇聚、交往和融合的最集中的地区之一。在这片土地上，逐渐形成了具有丰富内涵的鄂尔多斯历史文化，其包括：以成吉思汗陵、苏鲁锭为代表的鄂尔多斯蒙古祭祀文化，以鄂尔多斯民间歌舞为代表的文学艺术，以《蒙古源流》《蒙古黄金史》为代表的鄂尔多斯蒙古历史学，以鄂尔多斯独特风貌的人文景观、自然景观、生态景观为代表的生态学。只是由于这个地区的封闭神秘、地区更替频繁，使得流传下来的文献资料极其有限，这既为鄂尔多斯学研究提供了大量丰富的研究空白，也为鄂尔多斯学的全面展开制造了难度。

（二）形成期：新中国成立到改革开放和社会主义现代化建设新时期

新中国成立以后，鄂尔多斯与成吉思汗的名字紧密结合，引起人们的关注和注意，这个时期也从真正意义上开启了对鄂尔多斯地区的科学认识和研究。一方面，20 世纪 50 年代，全国少数民族大调查工作，使人们对鄂尔多斯地区有了基础性的关注和认知。1956 年，新成吉思汗陵在鄂尔多斯伊金霍洛旗落成，这促使了鄂尔多斯地区蒙古族的历史文化、鄂尔多斯

1　奇·朝鲁：《鄂尔多斯学研究的实践与思考》,《鄂尔多斯日报》2004 年 8 月 18 日第 3 版。

民族特色和民俗文化均引起学者们的共同兴趣。另一方面，1962年，纪念成吉思汗诞生800周年大会在成吉思汗陵举行，这次盛会会聚了全国著名的蒙古史学者，进行了学术研讨会，发表了许多真知灼见，这些都为鄂尔多斯学的形成和发展积蓄了必要的力量。

（三）完善期：改革开放和社会主义现代化建设新时期至2002年

改革开放和社会主义现代化建设新时期以来，随着国家大环境的改善，中国经济快速发展，鄂尔多斯地区的经济社会也有了一定的改变，这为鄂尔多斯学进一步发展提供了更多的可能性、更坚实的经济基础。国家能源战略重心向西部地区的倾斜，使得先天资源富集的鄂尔多斯地区成为国内外经济和社会专家学者研究的对象，鄂尔多斯走出的独具特色的区域经济发展模式，成为这一时期鄂尔多斯学的研究重心。在鄂尔多斯工作的史志学方面的专家，开始了大量的分学科、分门类、不同视角的关于鄂尔多斯历史文化、发展历程、经济成就方面的探究。学者专家们在一点一滴收集资料的过程中，在一个一个专题的抽丝剥茧中，在一次一次学术研讨会的思想碰撞中，完成了一大批具有价值、拥有理论阐释和实践意义的研究成果，为鄂尔多斯学和鄂尔多斯学研究会的最终形成和确立奠定了坚实的基石。

（四）成熟期：2002年至今

2002年，奇·朝鲁先生创造性地提出了"鄂尔多斯学"与"鄂尔多斯学研究会"两个概念。凭借鄂尔多斯学研究会的成立，鄂尔多斯学有了坚实的发展基础和平台支撑。从这一时期开始，鄂尔多斯学开启了一段艰辛的探索之路。中国特色社会主义新时代以来，鄂尔多斯学研究会坚持"知识体系＋应用服务"的发展思路，坚持"因时代而立、因作为而兴、因交流而跃、因个性而美、因文化而强"的学科体系建设理念，走出了一条独树一帜且成就卓著的地方学发展之路。其一，完成了鄂尔多斯学研究的基础性工作，收集了鄂尔多斯地区以及国内外关于鄂尔多斯地区的各种文字资料、实物资料、口述资料、音像资料等等。特别是抢救了一些即将消失的文献资料，这些都为更加全面地开展鄂尔多斯学研究提供了重要条件。其二，对鄂尔多斯学和鄂尔多斯学研究会的发展，进行了系统性和全面性的规划和安排，提出了重点课题和项目，确立了鄂尔多斯学品牌建设的目标。其三，鄂尔多斯学研究会组建了鄂尔多斯学最早的一批专兼职学者和专家，为后来的发展提供了人才条件。其四，鄂尔多斯学在发展中取得了具有重大理论意义和现实价值的成果和成就。20 年来，鄂尔多斯学研究会共举办和参与研讨会、座谈会 91 场次，出版著作共 122 部，音像制品 3 部，分别是《神奇的鄂尔多斯》《永远的眷恋》和《准格尔婚礼》。20 年来，鄂尔多斯学研究会无间断地编辑了《鄂尔多斯学研究》期刊的汉文版和蒙文版。20 年来，鄂尔多斯学研究会共获得各项荣誉 24 项，其中省部级和国家级荣誉有：2010 年，鄂尔多斯学研究会被国家民政部评为"全国先进社会组织"。2010 年，《鄂尔多斯大辞典》被评为内蒙古自治区第三届哲学社会科学优秀成果政府奖三等奖。2015 年，《鄂尔多斯学概论》被评为内蒙古自治区政府第五届哲学社会科学优秀成果二等奖。2017 年，在全国社会科学界联合会第十八次学会工作会议上鄂尔多斯学研究会被评为全国社会科学界联合会创建新型智库先进社会组织。随着鄂尔多斯学研究的持续积淀和长期发展，鄂尔多斯学成为一门备受大家认可和参与的地方学科，依托鄂尔多斯学研究会这个科学的载体，既传播了鄂尔多斯地区宝贵的历史文化资源，也使鄂尔多斯学发挥出更大的社会效益。

二、鄂尔多斯学研究的基本特征

（一）坚持理论深化与实践指导的统一

有学者提出："鄂尔多斯学是以鄂尔多斯为研究对象，主要是以那些具有自身特色、自成体系、有自身发展规律的社会文化现象、经济现象为研究对象，把这些研究的问题加以理性概括，成为一门有专门知识和理论方法的学问。"[1] 从鄂尔多斯学的立学基础、研究目的、整体规划来看，其始终坚持了、不断推进了对鄂尔多斯的历史、民族、成吉思汗史、经济、民俗、生态、宗教、文学艺术等多角度理论的深化，增加了以理论支撑的方式认识和了解鄂尔多斯的独特魅力，凝练了鄂尔多斯在草原文化和农耕文化的交往、交流、交融中沉淀的鄂尔多斯品格，提炼了促进鄂尔多斯各族人民发展的鄂尔多斯精神，挖掘了鄂尔多斯文化、成吉思汗文化与鄂尔多斯经济发展的内在关系，揭示了鄂尔多斯经济社会持续高速发展的内在规律。同时，这些丰硕的理论成果和研究成果，在人们对鄂尔多斯这个历史多维复合、文化多样融合、资源存储丰富地区的区域特征的深入把握，对鄂尔多斯市在经济、政治、文化、社会、生态、民族、艺术、民俗等各方面的实际工作方面也起到了现实指导作用，更对推动我国西部地区的地方学发展做出了引领示范的、不可比拟的重要贡献。

（二）秉持民族特色与普遍规律的统一

鄂尔多斯学坚持依托鄂尔多斯独有的民族文化、成吉思汗文化，着力发挥对蒙古族文化的发掘和梳理，但是在以这个视角为研究重心时，也坚持鄂尔多斯学作为一门综合性地方学科的核心定位。鄂尔多斯学研究既使三面被黄河环绕的鄂尔多斯高原、鄂尔多斯盆地、萨拉乌苏文明、秦直道文化、成吉思汗文化展现出时代魅力，又推动鄂尔多斯经济现象、鄂尔多斯精神文化的现代性转化，更着眼于对农耕文明与游牧文明长期交流交融的研究。在对鄂尔多斯经济社会全方位研究时，既注重马克思主义唯物史观和唯物辩证法的运用，也注重历史学、经济学、社会学、民族学等社会科学方法的运用。从社会历史发展的全方位视角，以多学科交叉的科学角度，既揭示鄂尔多斯发展进程中的民族特色，又阐释社会历史进程中的普遍规律。

（三）坚持回溯历史与时代考问的统一

鄂尔多斯学在发展过程中始终坚持了守正创新的理念，既传承赓续了

源远流长的鄂尔多斯历史文化，对其继承、挖掘和发扬。特别是在对成吉思汗的相关历史、文化、祭祀等问题上，有了系统性的认识。但是任何民族、地区和文化都需要紧跟时代的步伐，鄂尔多斯学也坚持时代理念，积极通过多媒体、短视频和新媒介扩大鄂尔多斯学研究成果的影响力和传播途径。将鄂尔多斯学的研究对象与鄂尔多斯地区的时代需求紧密结合。有学者提出鄂尔多斯学："注重区域历史与现实的对接，在区域传统文化的背景中观照现实，谋划未来，塑造区域形象，打造文化品牌，在独有的历史智慧基础上构建新区域、新文化。"[1] 对鄂尔多斯地区最近 20 年间出现的新矛盾和新问题进行深入剖析，使鄂尔多斯学兼具传承性和时代性。

（四）坚持立足本地与放眼世界的统一

鄂尔多斯学研究以鄂尔多斯地区为研究基点，既坚持立足鄂尔多斯，又要放眼全国、放眼世界的战略目标。因此，从鄂尔多斯学确立后，就始终坚持既以研究鄂尔多斯地区的历史文化、经济发展、社会成就、生态变迁为独特视角，也积极跳出以鄂尔多斯研究鄂尔多斯的窠臼，发挥鄂尔多斯文化的开放、包容、吸纳的胸怀，既向鄂尔多斯本土的历史文化吸取智慧，又向内蒙古自治区内、国内各个地区、国内外的地方学吸收学术思想和精华。2005 年，鄂尔多斯学研究会联合国内部分地方学研究机构，创建了"中国地方学研究联席会"，并被推选为首任联席会主席方。鄂尔多斯学积极与敦煌学、北京学、温州学、泉州学、蒙古学等其他地方学展开合作和学术交流，也得到了国际著名学者德日进、桑志华、田清波等学者的支持和关注。正如有的学者所说："我们不能封闭或自我陶醉，要推开窗户，吸收新鲜空气。向世界先进文明学习，向先进地区的经验学习，努力在哲学社会科学研究领域取得新的更大的成就。"[2]

1　齐凤元：《深入研究鄂尔多斯学　着力打造区域文化品牌》，《鄂尔多斯日报》2004 年 10 月 17 日第 1 版。

2　孙炜东：《使鄂尔多斯学成为品牌地方学》，《鄂尔多斯日报》2004 年 9 月 30 日第 1 版。

三、鄂尔多斯学持久发展的实现路径

（一）着重发挥鄂尔多斯学研究的独特魅力

鄂尔多斯学的最大魅力就在于以鄂尔多斯地区为主要研究对象，最终也服务于鄂尔多斯地区的持久发展。基于鄂尔多斯地区具有深厚的文化底蕴、积蓄了持续发展的物质基础、建立了稳定发展的社会条件、拥有了长久发展的生态环境。因此，我们在推进鄂尔多斯学原有研究成果的进程中，需要更加聚焦鄂尔多斯文化、聚焦鄂尔多斯民族性的重心，深入拓展对成吉思汗本人、成吉思汗的思想、成吉思汗文化、祭祀、民俗的研究，做大做强鄂尔多斯学的优势学科。在此前出版的《鄂尔多斯研究丛书》《鄂尔多斯大辞典》《鄂尔多斯历史研究》《鄂尔多斯民俗研究》《鄂尔多斯经济研究》《鄂尔多斯文化研究》《鄂尔多斯生态研究》《鄂尔多斯学研究》《鄂尔多斯学概论》《鄂尔多斯模式研究与探索》《论地方学建设与发展——中国地方学建设与发展》《幸福鄂尔多斯》《绿色鄂尔多斯》《文化鄂尔多斯》《发展鄂尔多斯》《红色鄂尔多斯》《我与鄂尔多斯》等研究成果的基础上，不断推出大部头著作、大影响力著作和经得起历史和时间检验的研究成果。

（二）更加凸显鄂尔多斯学研究的理论支撑

鄂尔多斯学不是空中楼阁，而是地基深厚。鄂尔多斯学研究涉及马克思主义基本理论、政治经济学、发展经济学、文化学、民俗学、历史学、社会学、民族学等各种跨学科的理论基础，又是地方学的重要组成部分。这就要求我们在推进鄂尔多斯学研究中，发挥各个学科的理论支撑，充分运用这些学科理论，将理论阐释与现实存在结合起来，发挥理论指导实践，反作用于实践的巨大作用。发挥鄂尔多斯学突出综合性、系统性的研究特色，坚持现代科学的研究方法。以马克思唯物史观和辩证唯物主义看待鄂尔多斯经济社会历史发展中的规律；以民族学理论看待鄂尔多斯多民族共融的发展历史，不断铸牢中华民族共同体意识；以文化自觉与文化自信的维度阐释鄂尔多斯文化的源远流长；以民俗学的理论发挥鄂尔多斯民俗宝库的巨大作用。

（三）注重扩大鄂尔多斯学研究的人才队伍

一门学科的深入科学发展，必然需要各种学科背景的专家学者、各个年龄阶段的人才大力支持。学科专业研究人才队伍的培养与打造无疑是一门学科最为重要的支撑条件之一。20 年来，鄂尔多斯学之所以得到长足发展，离不开一批在鄂尔多斯学研究领域深耕细作、潜心研究的专家和学者。鄂尔多斯学更需要不断吸引具有鄂尔多斯情怀、具有深厚理论功底、具有丰富实践经验的研究型人才，打造专博兼顾、眼光独到、思维敏捷的研究队伍，既发挥老一辈资深专家的引导作用，又提升中青年学者的学术研究能力，形成一批具有历史学、经济学、社会学、哲学、民族学、政治学等学科知识背景的中坚力量。此外，也要充分发掘具有发展潜力、研究潜力、研究能力的青年学者，为鄂尔多斯学的研究注入时代力量，积蓄涓涓细流。

（四）持续沉淀鄂尔多斯学研究的实践价值

一门学科发展到一定程度，最终还是要回归指导实践的实际需求。鄂尔多斯学孕育于鄂尔多斯深厚的文化底蕴，产生于鄂尔多斯地区快速发展的经济社会，形成于鄂尔多斯学不断完善的历史进程中，其产生势在必行，发展更是实践需要。因此，无论鄂尔多斯学的理论成果多少，其最终目的还是服务于鄂尔多斯地区的经济持久高质量发展、政治民主文明、文化繁荣昌盛、社会和谐稳定、生态宜居宜业、民族团结共融，也都在于总结鄂尔多斯地区由封闭到开放、由贫困到富裕、由荒凉贫瘠到生态优美、由单一自然经济到多元市场经济，由资源丰富地区到多元转型地区的深刻经验。这些研究内容最终的落脚点在于推动鄂尔多斯繁荣发展的实践价值。

翟媛（1983—），中共党员，南开大学马克思主义学院博士，重庆市委党校党建教研部副教授。

序六　鄂尔多斯学研究在民族团结中的历史贡献与时代价值

唐　雷

习近平总书记在参加十三届全国人大五次会议内蒙古代表团审议时明确指出："各族干部要全面理解和贯彻党的民族理论和民族政策，自觉从党和国家工作大局、从中华民族整体利益的高度想问题、作决策、抓工作，只要是有利于铸牢中华民族共同体意识的工作就要多做，并且要做深做细做实；只要是不利于铸牢中华民族共同体意识的事情坚决不做。"[1]地方学研究是围绕特定地域展开的知识探索活动。这一知识探索涵盖了历史、文化、经济、社会、生态等多个领域。其中，历史文化是其核心要素。据此可见，民族地区历史与优秀传统文化是民族地区地方学研究的重要内容，这就使得这一研究平台在维护民族团结中具有独特的优势，理应在新时代中华民族共同体意识培育中发挥更重要的作用。

鄂尔多斯学研究会是全国边疆少数民族地区最早成立的地方学研究团体之一，学会成立20年来，始终坚持党的民族工作方针，为民族团结做出了重要贡献。可以说，鄂尔多斯学研究会是一个红色的研究会、是一个

---

[1] 《不断巩固中华民族共同体思想基础　共同建设伟大祖国　共同创造美好生活》,《人民法院报》2022年3月6日第3版。

具有鲜明地方特色的研究会，在鄂尔多斯市现代化建设和民族团结中发挥了重要的积极作用。从民族团结角度梳理其历史贡献和功能价值，至少可以概括为以下四个方面：

一、承继功能：民族地区地方学研究是传承民族团结历史的科研载体

从大历史的宽广视域来看，中华民族的历史长河呈现出多元汇聚、百川同归的波澜壮阔的进程，这是中国历史发展的主流、主线、主题。习近平总书记指出："一部中国史，就是一部各民族交融汇聚成多元一体中华民族的历史，就是各民族共同缔造、发展、巩固统一的伟大祖国的历史。"[1]各族人民在恢宏的民族团结历史当中取得了诸多重要的成就、积累了诸多宝贵的历史经验、蕴藏了诸多有益的智慧启迪。传承民族团结的历史就是要把这些成就和经验进行科学的总结和运用。

在多灾多难的旧中国，由于国家贫穷落后，再加上帝国主义对中国的军事侵略、经济掠夺、政治控制等多重压迫和剥削，导致人民生活艰难，苦不堪言。陕西、山西、河北等地的农民逢遇灾荒之年苦于生计，被迫离开祖祖辈辈繁衍生息的故土。通过"走西口"来到今天的内蒙古地区，鄂尔多斯便是"走西口"的主要目的地之一。这些新居民来到异地他乡，面对陌生的地域环境，能否安身立命是他们面对的首要挑战。在这种焦虑和惶恐中，蒙古族群众伸出热情的友谊之手，不仅以开放的胸怀包纳了这些新居民、新朋友，还在生产生活实践上给予这些新居民物质和技术的帮助，使他们渡过难关，扎根在这片神奇的土地上。正是在漫长的历史长河中，在日出而作、日入而息的劳作和生活中，各族人民在互帮互助中培养了深厚的感情。今天依然可以从文化、风俗的细节中感受这种深厚的民族情谊。如果说在宴席中"敬酒先敬蒙古族"是在礼仪上的

1　习近平：《在全国民族团结进步表彰大会上的讲话》，北京：人民出版社，2019年。

一种感激之情，那么，漫瀚调（蒙汉调）则是民族团结在民间艺术上的精彩呈现与自然流露。新中国成立后，鄂尔多斯市（伊克昭盟）的经济社会发展迎来崭新的时代，民族团结呈现出崭新的面貌。今天，在中国特色社会主义新时代，鄂尔多斯市各项事业发展欣欣向荣，在经济、社会、生态等多个领域取得质的飞跃，发展成就举世瞩目。总结其原因，最根本的在于鄂尔多斯市各族人民始终坚持党中央的全面领导，毫不动摇地忠实贯彻党的理论、路线、方略，毫不动摇地将党的民族方针政策落到实处、干到实处。这是鄂尔多斯发展历史留给今天的丰富素材、宝贵经验和深刻启示。因此，研究、宣传鄂尔多斯的发展历史和民族团结历史就是贯彻党的民族政策的重要途径，就是在以实际行动维护中华民族共同体意识。

在传承民族团结历史上，鄂尔多斯学研究会充分发挥民族地区群众性学术团体的独特优势，坚持积极调动本土学者研究民族团结历史的积极性与积极联系市外关心鄂尔多斯民族团结与地区发展的学界研究人员相结合。鄂尔多斯学研究会的研究人员来自不同的行业和领域、有着不同的经历和体验、分布在不同的地区和岗位，但他们都很热爱鄂尔多斯，都很珍惜鄂尔多斯的民族团结成果。他们爱思考、重调研、善总结、勤动笔，是鄂尔多斯民族团结历史的重要传承者。围绕鄂尔多斯民间艺术中的民族团结因素、鄂尔多斯民俗习惯中的民族团结因素、鄂尔多斯经济社会发展中的民族团结因素等展开深入研究，这些科研成果以专著、论文、时评等多种方式见诸报端，发表于专业和综合学术期刊上，收录于研讨会的论文集当中，既促进了学者间学术的交流和观点的碰撞，更以丰富多彩的科研成果梳理出鄂尔多斯民族团结的演进脉络，从而以鲜明的事实、丰富的内涵和严密的论证维护民族团结是各民族共同福祉的中华民族共同体意识。

二、联结功能：民族地区地方学研究是增进各民族真挚情感的互动平台

习近平总书记在 2021 年中央民族工作会议上强调："铸牢中华民族共

同体意识，就是要引导各族人民牢固树立休戚与共、荣辱与共、生死与共、命运与共的共同体理念。"[1] 地方学研究虽名为地方，但作为学术团体，绝非学者依据个人偏好的自说自话、自得其乐，其研究具有强烈的公共属性和自觉的责任担当。以一方人民幸福为价值旨归的研究初衷决定其承载的使命一定是跳出地域局限的。可谓立足地方，服务国家。因此，地方学研究具有极强的包容性、融合性、互动性。学术交流与资源融合是地方学研究当中不可或缺的途径。这就使得民族地区的地方学研究成为增进民族真挚情感的互动平台，成为联结全市各族干部群众的纽带。一方面，在民族地区，各民族的团结、融合是其地方学研究的优势和特色，民族地区地方学的发展繁荣离不开各民族学者之间的交流合作；另一方面，民族团结和中华民族共同体意识是学者们研究的重要内容，科研的开展与意识的培育实际上形成了知行合一的良性互动。

鄂尔多斯学研究会 20 年的发展历程是促进民族团结、自觉维护中华民族共同体的实践历程。研究会的学者来自不同民族、不同地域，具有明显的多元化特征。他们大多不是专职的科研工作者，很多人有过在党委、政府和企事业单位担任领导职务的经历，其中还有不少人是鄂尔多斯市过往历程中重大政策的决定者或参与者。因此，尽管学者们经历迥异、年龄相差极大，但都对这片土地有深厚的感情。可以说，鄂尔多斯地区的民族团结和经济社会发展是他们共同的兴趣所在和使命担当。鄂尔多斯学研究会具有明显的开放性和包容性特征，将不同的学者以及他们的成果汇聚于此。这些成果以鄂尔多斯市各旗区乃至乡镇苏木、嘎查村的实际情况为研究和叙述空间，以鄂尔多斯日新月异发展中各民族群众不断提升的生活细节为主要研究对象，具有极强的具体性和生动性，在成果的交流和观点的分享中，能够在学者之间产生强烈的共鸣。人民群众在阅读鄂尔多斯学研究会的书籍、报刊、信息等成果的时候，非常容易将自己代入文中描述的场景中，可谓雅俗共阅，可以在增进民族情感中起到润物细无声的绝佳成效。

1　习近平：《以铸牢中华民族共同体意识为主线　推动新时代党的民族工作高质量发展》，《人民日报》2021 年 8 月 29 日第 1 版。

三、升华功能：民族地区地方学研究是提炼民族文化瑰宝的精神熔炉

中华优秀传统文化是各民族人民在生产生活中创造的一切物质财富和精神财富的总和，历经历史长河的沉淀，熠熠生辉。民族文化瑰宝如同富集的矿床，散落分布在中华大地的不同角落。进入中国特色社会主义新时代，发扬优秀传统文化具有更为突出的时代价值。正如费孝通所讲："文化是流动和扩大的，有变化也有创新。"[1] 学者们研究民族文化的一个重要使命就是挖掘、提炼与整合埋藏在各地的文化矿藏，使这些文化瑰宝在中华民族共同体意识培育中发挥更大效能。

民族文化是鄂尔多斯学研究会挖掘和研究的重要内容，通过学者们辛勤的研究与整理，那些最能反映鄂尔多斯优秀文化特质的要素得以提炼、整合、升华，以《鄂尔多斯大辞典》《鄂尔多斯风俗录》《鄂尔多斯历史研究》《鄂尔多斯民俗研究》《鄂尔多斯文化研究》《鄂尔多斯学研究》《鄂尔多斯学概论》等诸多著作成果展示在世人面前。鄂尔多斯学研究会的绝大多数成果政治站位高、考据充分，具有较强的学术性。既是全市干部群众深入了解鄂尔多斯发展禀赋的市情手册，也是全市干部群众锻造培育中华民族共同体意识的辅助教材。近年来，学会与中国社科院民族学与人类学研究所、内蒙古社科院、中国人类学民族学学会、鄂尔多斯市委党校、市社会科学界联合会等共同组织了民族地区文化产业发展论坛。同时，鄂尔多斯学会还组织专家学者，从陕西榆林市到内蒙古准格尔旗、鄂托克旗再到宁夏固原市，围绕陕北地区考古与地方文化、准格尔旗民间民俗文化、西鄂尔多斯蒙古历史文化、宁夏六盘山红色历史文化进行实地调研和考察。这些研究和调查，就是对优秀传统文化的提炼、锻造和升华过程。

1　费孝通：《对文化的历史性和社会性的思考》，《思想战线》2004 年第 2 期。

四、传播功能：民族地区地方学研究是讲好民族团结故事的宣传阵地

地方学研究不单是科研成果的推出与创新，还包括运用好报纸、广播、网络、学校、研讨会等各种传播媒介，高质量地阐释民族团结的故事。最好的故事来自人民群众当中、来自现实生活当中、来自社会实践当中。这些故事最接地气，散发着为群众所喜闻乐见的乡土味道，能够以最自然、最朴实的方式诠释民族团结的历史、现在和未来。民族地区地方学研究会的学者们生于斯、长于斯，对脚下的土地充满感情、对民族团结有更深的体会，最具有总结和解读这些生动典型案例的能力和动力。

鄂尔多斯学研究会的会员来自各行各业，但研究和宣传鄂尔多斯优秀文化特别是民族团结文化是所有学会所有学者的能力与共识。研究会通过与中共鄂尔多斯市委宣传部、鄂尔多斯市社会科学界联合会、中共鄂尔多斯市委党校、鄂尔多斯应用技术学院、鄂尔多斯职业学院等单位和机构合作，将民族团结的主旋律传播给全市干部群众、传播给鄂尔多斯高校的大学生，为中华民族共同体意识培育贡献着自己的力量。学会不仅开办了自己的网站，还开通了博客、微博、微信公众号，主动运用互联网宣传载体，将学会的研究成果推介和传播到更广的受众当中。除了运用现代传媒，鄂尔多斯学会的专家学者还深入全市的市直部门、旗区、乡镇苏木等各级单位，为广大党员干部群众做"铸牢中华民族共同体意识"的专题授课。

综上可见，鄂尔多斯学研究会在 20 年发展历程中，为全市的民族团结工作作出了重要贡献，已然成为全市社科系统不可或缺的重要研究和宣传阵地。在新时代新征程中，鄂尔多斯学研究会必将在承继与发展中迭代自新，为中华民族共同体意识培育贡献更多力量。

唐雷（1982— ），江西财经大学博士研究生，中共江西省委党校副教授。

前言

党的十一届三中全会的惊雷惊醒了伊克昭盟（今鄂尔多斯市）各族儿女，达拉特旗耳字壕人民公社康家湾大队农民赵丑女承包生产队土地掀开了古老高原改革开放的崭新一页，从"新苏鲁克"（草畜双承包）制度的推广到"补偿贸易"建设羊绒衫厂，鄂尔多斯市在党中央和自治区党委的坚强领导下，顺应改革开放大势，立足资源型地区特点，坚持敢为人先的探索实践，历经三次具有鲜明时代特征的宏大创业，推动经济社会发展实现由"农牧"到"工矿"、由"小"到"大"、由"量"到"质"的重大转变，走出了我国西部内陆地区远近闻名的"鄂尔多斯模式"，经济社会发展发生翻天覆地的历史性变化，从内蒙古自治区一个最为落后的贫困地区跃升为我国北方地区经济发展的"排头兵"，成为"改革开放30年全国十八个典型地区"之一和"全国学习实践科学发展观五个典型城市"之一。

在地区经济社会飞速跨越的同时，人们的思想也出现了十分活跃的张扬与亢奋，如果概括之，那就是仁者见仁，智者见智和百花齐放，百家争鸣。正是在这样的背景下，奇·朝鲁先生提出"鄂尔多斯学"与"鄂尔多斯学研究会"两个概念，夏日先生和陈育宁先生高度赞同、鼎力相助，众多关注者积极参加。当然，也有一些人提出过不同意见，甚至是否定性的观点。站在今天的角度而言，不管怎么样，历史的真实写照就是，2002年9月16日，鄂尔多斯学研究会在东胜隆重问世。

20年来，鄂尔多斯学从无到有、从小到大、从鲜为人知到名扬大江南北。梳理历史文化脉络，留下上千万字的论文著作，将中华民族交往交流

1

交融的鄂尔多斯典故，书写在黄河"几"字弯这片具有传奇故事的草原大地；锚定时代发展脉搏，总结提升"鄂尔多斯模式"，将改革开放以来"三次跨越转型"的鄂尔多斯奇迹，描述为西部大开发中践行科学发展观的典型样板；紧跟百年未有之大变局，踔厉奋进，笃行不怠，沿着习近平总书记擘画的内蒙古现代化发展宏图，发扬"蒙古马精神"，描绘着"鄂尔多斯先行区"实践典范。用创始会长奇·朝鲁先生的话来说，前15年，"研究服务探索发展"，后5年，"步入高质量发展"新阶段。用现任会长奇海林教授的话来讲，鄂尔多斯学是在"史、志、学"研究成果之上，综合思想体系、知识体系和话语体系构成的一门地方性综合性学问。

20年来，鄂尔多斯学研究会坚持"立足学术、服务建设、创新机制、着眼发展"的会旨，坚持"举社会之力、办大众之事"的理念，坚持"向心、奉献、低调、务实、节俭、高效"的会风，坚持"知识体系＋应用服务"的学科建设，坚持"创品牌地方学、建和谐研究会"的目标，既立足鄂尔多斯、研究鄂尔多斯、服务鄂尔多斯，也创建过"中国地方学研究联席会"机制，还承担着"沿黄生态保护与高质量发展智库联盟"牵头单位的光荣使命，用扎扎实实的研究成果和特有的知识智慧为"鄂尔多斯模式"提供了不可替代的智力服务，"鄂尔多斯模式"与"鄂尔多斯学"如车之两轮、鸟之两翼支撑着鄂尔多斯市的现代化建设，鄂尔多斯学研究会实实在在地实现了"因时代而立、因作为而兴、因交流而跃、因个性而美、因文化而强"的办会初衷与夙愿。

回眸过往，先辈们筚路蓝缕、披荆斩棘，挑灯夜战、披星戴月，会上切磋、书海交锋，争先恐后、勇攀高峰。《鄂尔多斯大辞典》无疑是《蒙古源流》《蒙古黄金史》后流芳千古的鄂尔多斯第三部巨著；《鄂尔多斯学概论》发扬解放思想、敢为人先精神，石破天惊般地提出鄂尔多斯学的6个研究对象，被《内蒙古学概论》高度肯定；历史将永远铭记鄂尔多斯学研究会走过的不平凡且荣光灿烂的20年。

如果说《鄂尔多斯学概论》标志着鄂尔多斯学这门学问婀娜多姿地走向人世间的话，《简明鄂尔多斯学》就意味着鄂尔多斯学这门学问亭亭玉立在新时代；如果说《鄂尔多斯学概论》侧重于探寻鄂尔多斯具有自身特色、自成体系、自我发展规律的话，《简明鄂尔多斯学》更注重全国一盘棋中鄂尔多斯这颗棋子在各族人民共同开拓辽阔疆土、共同书写悠久历史、共同创造灿烂文化和共同培育伟大精神过程中的鄂尔多斯作用。

站在当下，鄂尔多斯学研究会这块平台承受着时代重任，犹如百舸争流中浪遏飞舟的一艘大船，载着无数人的希望，穿梭在地方学这条九曲黄河之中。研究会与学术界此起彼伏的思想交流促进它与时俱进，久远厚重的农耕游牧与现代文明融合而成的新兴文化滋润它厚积薄发。"凝心研究、聚力服务"永远是鄂尔多斯学研究会的历史使命，"牢记嘱托、踔厉奋进"永远是鄂尔多斯学研究会的重大责任。

在内蒙古自治区社会科学界联合会领导的关怀关心之下，在内蒙古学研究会领导的指导鞭策之下，在地方学同人们的鼓舞激励之下，在市委、市政府的高度重视之下，我们大胆地做出了一次"吃螃蟹"行动，用了将近一年时间，组织编写了这本《简明鄂尔多斯学》，旨在总结鄂尔多斯学20年的运行规程、鄂尔多斯学研究会20年的成长过程，通过研究鄂尔多斯学的产生、研究对象、研究方法、体系构建、功能作用和研究成果等，探索鄂尔多斯学存在的客观规律，目的在于用马克思主义立场观点方法科学地概括鄂尔多斯学这门新兴学问，引导它在服务地方的同时，逐步形成为一门学科，进而提升为一门更好地服务地方发展的综合性学科。

我们真心希望关心关爱鄂尔多斯学的专家学者，关心关爱鄂尔多斯学研究会的同人们，我们一起向未来！

编者

2022 年 10 月 22 日

第一章　鄂尔多斯学的产生

　　问世于 2002 年 9 月 16 日的"鄂尔多斯学",不知不觉就要迎来 20 岁生日,总结学问征程,厘清学术关系,构建学术体系,发挥话语作用,吸取教训经验,找寻运行规律,把准发展动力,推动前进趋势,更好地服务社会,无疑是吾辈不可推卸的历史性责任。

　　鄂尔多斯学既有地方学的共性,又有其独特个性,属于祖国地方学百花园中的一枝奇葩。鄂尔多斯学的出现既是当地人们社会文化生活中的一件奇事,也曾在内蒙古自治区范围内引起一定程度的争论。经过 20 年探索研究与知识服务过程中的历练,鄂尔多斯学日臻显露其框架,逐步趋向系统规范。

　　作为继往开来研究鄂尔多斯学的学者,面对前辈的丰硕成果,面对世人的众说纷纭,经过多年的阅读,经过几多交流交锋,经过多番理性思索,现在,我们可以自豪地说,鄂尔多斯学的产生原因至少应该归纳为下面五个因素。

一、时代催生

　　时代是思想之母,实践是理论之源。变革时代呼唤变革思想,伟大愿景呼唤伟大理论,社会发展需要催生人文实用学问。当今世界正处在不稳定、不确定、不安定的变局期,正步入大调整、大变革、大转折的前奏期,全球治理体系频现失序、失焦、失灵危险,治理赤字加速膨胀;丛林法则恶性回潮、地缘政治博弈趋于白热化，强国欺压弱国、大国霸凌小国、富国剥削穷国司空见惯；零和博弈、你输我赢、你死我活狭隘思想沉渣泛起；生态危机、环境危机、资源危机叠加演变，人类社会停滞、倒退、毁灭风险陡升，走到了新的十字路口，人类正在经历着百年未有之大变局。正是这个史无前例的大变局，孕育出习近平新时代中国特色社会主义思想。

人类社会每一次重大变化，人类文明每一次重大发展，都离不开哲学社会科学的知识变革和思想先导。我国哲学社会科学工作者应积极回应时代要求，以提升原创能力为出发点，不做国外理论的"搬运工"。哲学社会科学研究要立足中国特色社会主义伟大实践，守正出新，提出具有自主性、独创性的理论观点。习近平总书记指出，"一切有价值、有意义的文艺创作和学术研究，都应该反映现实、观照现实，都应该有利于解决现实问题、回答现实课题。希望大家立足中国现实，植根中国大地，把当代中国发展进步和当代中国人精彩生活表现好展示好，把中国精神、中国价值、中国力量阐释好"。我国理论工作者应该把文章写在中国的大地上。

改革开放以来，鄂尔多斯因资源优势，因团结奋进，因市场需求，因穷则思变，因抢抓机遇，地区面貌发生翻天覆地的变化。新变化带来新问题，问题是时代的格言，是公开的、无所顾忌的、支配一切个人的时代之声。问题是创新的起点，也是创新的动力源。一切学问、学术只有聆听时代的声音，回答时代的呼唤，研究时代的问题，才能把握历史脉络，找到发展规律，推动理论创新和实践创新。恩格斯曾表达过，每一个时代的理论思维，都是一种历史的产物，在不同的时代具有非常不同的形式，并因而具有非常不同的内容。哲学家卡尔·波普尔也曾经得出过这样的结论："科学和知识的增长永远始于问题、终于问题——愈来愈深化的问题，愈来愈能启发新问题的问题。"[1] 由此可见，科学研究从问题开始，问题推动研究，引导研究。可以说，问题是科学研究的真正灵魂。为什么鄂尔多斯学出现在 2002 年呢？或者说为什么鄂尔多斯撤盟设市伊始偏就出现了一个"鄂尔多斯学研究会"呢？鄂尔多斯学研究会专家委员会首任主任陈育

---

[1] 卡尔·波普尔：《猜想与反驳》，上海：上海译文出版社，1986 年，第 318 页。

宁先生给出了明确的回答："我在 2002 年初解释鄂尔多斯学这个名称时提出，鄂尔多斯学是以鄂尔多斯为研究对象的一门学问。鄂尔多斯学这个概念不属于目前我国对于人文社会科学所界定的学科范畴。而鄂尔多斯学则是以鄂尔多斯的历史、文化、经济、自然环境变迁等众多领域为研究对象，它不是一门学科，而是一门地方性的综合学问，这门学问里包含了不同学科，不同的学科里又包含了若干鄂尔多斯学的子系统。比如研究鄂尔多斯历史时，必然涉及蒙古史，这部分内容在人文社科的学科规范中，是属于历史学这个一级学科之下的一个二级学科专门史的内容，在专门史中又是属于民族史的范围。作为鄂尔多斯学这个概念，显然和规范学科中的历史学、法学、经济学等学科概念不属于一个范畴。'鄂尔多斯学'的概念应该怎样去理解呢？鄂尔多斯学就是以鄂尔多斯为研究对象，主要是以那些具有自身特色、自成体系、有自身发展规律的社会文化现象、经济现象为研究对象，把这些研究的问题加以概括提炼，成为一门有专业知识和理论方法的学问，构成'学'。""鄂尔多斯学是以一个特定的地区为研究对象，但仅这一点是不能构成一种专门的地方学问的，因为每一个地区的历史、文化、民族、民俗、经济、社会的发展，都有可研究的内容，但是不能说每个地区的研究都是一门'学'。要形成一个专门的学问，必然要有它一些特殊的内容，有它自身的体系，有它自身的规律性的东西，还有历来对它研究成果的积累所形成的基础。从这个意义上讲，尽管每个地区都有自身专门的研究，但不一定都能概括成一门'学'。""构成一门专门的地方学，应该有其独具特色的基本内涵。鄂尔多斯学的基本内涵和特征是什么呢？第一，鄂尔多斯较完整地保留了蒙古族最基本的传统文化，是蒙古族传统文化的标本。第二，鄂尔多斯保留了蒙古族最完整、最丰富、最有特征的祭祀文化。第三，鄂尔多斯有着研究和传承地区文化的深厚传统。第四，改革开放以来，鄂尔多斯走出了一条资源转换促进发展的成功道路，构成了鄂尔多斯学研究的新内容。"[1]地方学发展变化的实践一再证明，不同时代有着不同问题，不同问题需要不同的解决办法，而各有特色的方法几乎全

---

[1]　陈育宁：《我与鄂尔多斯学》，银川：宁夏人民出版社，2009 年，第 23—33 页。

部来自不同学问、学术的解答,不同学问、学术就是不同时代、不同国家或地区的产物。习近平总书记指出:"当代中国的伟大社会变革,不是简单延续我国历史文化的母版,不是简单套用马克思主义经典作家设想的模板,不是其他国家社会主义实践的再版,也不是国外现代化发展的翻版,不可能找到现成的教科书。我国哲学社会科学应该以我们正在做的事情为中心,从我国改革发展的实践中挖掘新材料、发现新问题、提出新观点、构建新理论,加强对改革开放和社会主义现代化建设实践经验的系统总结,加强对发展社会主义市场经济、民主政治、先进文化、和谐社会、生态文明以及党的执政能力建设等领域的分析研究,加强对党中央治国理政新理念新思想新战略的研究阐释,提炼出有学理性的新理论,概括出有规律性的新实践。这是构建中国特色哲学社会科学的着力点、着重点。一切刻舟求剑、照猫画虎、生搬硬套、依样画葫芦的做法都是无济于事的。"[1]伟大导师马克思认为,问题就是时代的口号,是它表现自己精神状态的最实际的呼声。文军先生说过:"任何一门学科的产生和发展,都是为了满足现实的认知需要,回应时代所面对的问题。"[2]鄂尔多斯人在改革开放这个伟大时代不仅创造出绿富同兴、城乡一体化、民族团结进步示范市等多个人间奇迹,"三次创业"实现三次转型升级发展,团结奋进、战胜自我、推进文明、实现跨越、走进前列,而且始终立于时代潮头的风口浪尖,创造出远近闻名的"鄂尔多斯模式",创立了令世人刮目相看的"鄂尔多斯学"。"鄂尔多斯模式"与"鄂尔多斯学"如车之两轮、鸟之两翼支撑着鄂尔多斯市的现代化建设实践,硬实力和软实力都得到长足发展,实现了富裕和文明相互促进、双双飞跃。

---

1 习近平:《习近平谈治国理政》(第二卷),北京:外文出版社,2017年,第344页。

2 文军:《增强社会工作学科的理论自觉》,《人民日报》2014年10月10日。

二、有益社会

学问因社会发展需求而创立，学科因知识分门别类而产生。理论是时代前进的最强音，学问是时代进步的强大动力，学问和理论最能够代表一个时代的呼声，最能够集中一个地方的民意，最能够引领一个时代的民情，最能够促进人们为美好生活而努力奋斗。

鄂尔多斯学问世以来，可谓一路凯歌。究其原因，关键在于立足鄂尔多斯、研究鄂尔多斯、服务鄂尔多斯，即有益社会，而且是召之即来、来之能用、用之能赢。

第一表现在立足本地、研究问题、发挥智库功能。《鄂尔多斯大辞典》《鄂尔多斯学研究成果丛书》《经济腾飞路》《2035的鄂尔多斯》《红色鄂尔多斯》《绿色鄂尔多斯》《文化鄂尔多斯》《发展鄂尔多斯》《幸福鄂尔多斯》等对新接触鄂尔多斯者而言，可谓古今大全，对常年工作在鄂尔多斯者来说，也是手头必备之工具书。在新型工业化和信息化交互促进的新时代，鄂尔多斯利用能源资源优势，在党的西部大开发战略的推动下，焕发出特有的发展进步活力，而作为鄂尔多斯市改革开放发展繁荣的重要知识支撑和思想来源，鄂尔多斯学为这种发展进步提供了独特而直接的文化营养和历史推动力。

第二是梳理史脉、多元一体，做到古为今用。鄂尔多斯学一起步，就高起点、高水平、高标准涉足历史遗产，罗列史脉、梳理世故、总结过往。从萨拉乌苏流域"河套文化"起航，盘点了各类长城；从秦直道上的故事整理，到匈奴单于的鹰顶"金冠"；从"宁胡阏氏"透析昭君坟茔的往事，到"十六国"与统万城遗址的深耕；从隋炀帝同启民可汗的盛大宴会，到成吉思汗打马途经鄂尔多斯；从"阿尔寨""百眼井"传奇故事，到"古如歌"雄浑古朴的天籁之音；从藏传佛教进入王爱召，到《蒙古源流》《蒙古黄金史》的梳理；从康熙大帝走过的"老井沙"，到"走西口"和"黑界地"；从"独贵龙"反帝反封建，到党恩沐浴伊克昭盟；从伊克昭盟的"牧区大寨"乌审召，到鄂尔多斯三次创业"温暖全世界"；从绿色大市工业强市，到绿富同兴现代草原名城；从民族团结进步示范市，到民生幸福康居城。一路走来，在鄂尔多斯沧海桑田的历史过程中，各民族你来我往、你中有我、我中有你，谁也离不开谁，交流、交往、交融中共同创造了辉煌历史、共同发展了农牧业经济、共同繁荣了中华文化、共同推翻了"三座大山"、共同弘扬中华精神、共同建设现代化家园。

第三是全面系统构建学科，逐步引领风尚。鄂尔多斯学研究会创始人奇·朝鲁先生在《鄂尔多斯学与地方学》中提出："1. 鄂尔多斯学是地方学。地方学，就是一个地区长期形成的有自己独特特征、自成体系、有自身规律的专门学问；是把国内某一地区作为相对独立的研究对象，除了涉及该地区的地理、历史、人文、民族等之外，揭示该地区在现阶段的生存状况和发展方式等诸多方面所呈现的特点；地方学是一门交叉学科、边缘学科、综合学科。地域性和综合性是其显著特点之一。2. 鄂尔多斯学是以地区历史、文化、经济、民族、生态环境及其互促联动发展规律为研究对象，是研究'鄂尔多斯现象'产生、发展及其规律性的学科。具有强烈的为区域发展服务的意识，其出发点和归宿就是面对鄂尔多斯历史与现实去探索规律，如人与自然和谐相处、各民族共同团结奋斗共同繁荣的发展规律，地区经济、政治、文化、社会'四位一体'和谐发展规律等，以人为本，为人的全面发展服务。3. 鄂尔多斯学有独具特色的基本内涵。如具有独特的资源禀赋（地质矿产、生态环境、文化积淀），特殊的经济社会变革追求，易于凝聚的团队精神、地区性格和开放意识等。4. 鄂尔多斯学以人为本，研究鄂尔多斯人及其人文精神，注重鄂尔多斯亲和力、向心力、创造力的传承和弘扬，历久弥新，与时俱进。具有宣扬知识、揭示规律、凝聚精神的功能，发挥引导决策、服务经济建设、提高人口素质的作用。5. 鄂尔多斯学是以鄂尔多斯为品牌标志，注重历史与现实、传统与时代对接，打造地域文化国际品牌，是在独有传统智慧基础上构建新区域新文化的诸多学科的集大成者。6. 要以世界的全国的科学的眼光去看去研究鄂尔多斯学。确立地方学要有世界的眼光和大中华的胸怀。正如有关专家所言，用战略眼光看鄂尔多斯学研究，要采取跨学科、跨民族、跨地域、跨文化，调查与分析、形式逻辑分析与辩证逻辑分析、分期与分类研究等相结合的方法进行综合研究。"[1]

第四是开放办学，交流借鉴，美誉传播。他山之石可以攻玉，鄂尔多斯学因交流互鉴闻名于学界，成立后的第三个年头，就联合温州学等6家地方学研究机构共同发起成立了中国地方学研究联席会，并担任首届主席方单位，用研讨会和《地方学研究》辑刊、《地方学研究信息》等多种形式将各方连接在一起，互鉴互学。以鄂尔多斯学为例，多年来，在学术研究交流实践中，突出了这样几个方面：一是将地方学交流成为一种习以为常的联系方式，既有周边地方学之间的联系，也有跨省跨地区地方学之间的交流，更有跨国地方学之间的交流。二是将地方学学术交流演化成为一种合作方式，如鄂尔多斯学与察哈尔文化研究会之间，通过彼此之间合作研究区域民族文化机制的建立，各自优势互补，取长补短，实现了合作共赢。三是将地方学学术交流常态化为一种研究方式，地方学研究者多数是老先生、老专家，他们时间充裕，各地专家只要相聚一起，有说不完的观点交流，论据切磋，他们无所顾忌、针锋相对，他们直言不讳、慷慨陈词，总有语不惊人死不休的气魄。

第五是研究立学、服务促学、培育厚学。奇·朝鲁等老先生们创办鄂尔多斯学研究会之初，就确立了鄂尔多斯学研究"立足学术、服务建设、创新机制、着眼发展"的社会功能定位。用奇·朝鲁先生的话来说，鄂尔多斯学研究会近20年来举办的各类论坛研讨会，几乎都是以鄂尔多斯学和鄂尔多斯文化为主题的。如鄂尔多斯学学术研讨会、两届鄂尔多斯文化学术研讨会、三届成吉思汗文化论坛、两届阿尔寨文化论坛、《鄂尔多斯大辞典》编纂研讨会以及鄂尔多斯文化塑市、城市规划建设、魅力鄂尔多斯、转型发展等多次研讨活动，都是以鄂尔多斯学与鄂尔多斯文化的关系问题为切入点，多方位、多视角地进行了深入研讨。再如，编辑出版的《鄂尔多斯学研究文选》《鄂尔多斯文化论文集》《鄂尔多斯学概论》等。近年来，为庆祝改革开放40周年、新中国成立70周年，特别是中国共产党百

---

1 奇·朝鲁：《我与鄂尔多斯学》《鄂尔多斯学与地方学（代序）》，银川：宁夏人民出版社，2009年，第6—7页。

年华诞，鄂尔多斯学研究会先后出版《温暖世界骄子情怀》《经济腾飞路》《伊金霍洛旗改革开放 40 年》《律动的康巴什》《绿色乌审》《强旗富民准格尔》《红色鄂尔多斯》《绿色鄂尔多斯》《发展鄂尔多斯》《文化鄂尔多斯》《幸福鄂尔多斯》等。鄂尔多斯学研究会在夯实其研究服务中，开始厚植学科建设，为节俭、高雅、时尚庆祝研究会成立 20 周年，研究会委托南开大学博士生翟媛课题组梳理出《回望鄂尔多斯学》，委托杨勇课题组正在编撰《鄂尔多斯学名家实录》，委托奇海林课题组正在完成《简明鄂尔多斯学》和《鄂尔多斯简史》等献礼项目。同时，鄂尔多斯学研究会承担了内蒙古自治区社会科学界联合会《沿黄生态保护与高质量发展智库联盟》的项目，积极组织内蒙古沿黄 7 盟市的相关专家学者有序研究"'几'字弯与阳光农业"大课题。通过项目带动老中青专家、本土与周边学者近百人，投入"'几'字弯阳光农业""'几'字弯阳光牧业""'几'字弯阳光林业""'几'字弯阳光渔业"等调查研究。

学问、学科的形成既与知识的分类密切相关，也与知识生产的高度专业化密切相关。学问、学科构成了知识生产的结构，规定着学术生产的理念、方法、目标和流程。面对纷繁复杂的世界，学问、学科、学术既是理解和探索世界的一种方式，也在有意无意之间重新分割了这个世界，重新构成了这个世界。学问、学术在研究中为世人所接受，学问、学术在交流中不断深化、不断提升、不断从必然王国走向自由王国。

三、贤士作为

时代对于人们而言可遇而不可求，时代总会将历史机遇留给那些有思想准备的智者。古人云："千羊之皮，不如一狐之腋；千人之诺诺，不如一士之谔谔。"杰出人才的难得在于珍贵，即在关键时刻发挥超凡作用，如灯明发挥指引作用，塔高发挥远照功效。

奇·朝鲁、夏日、陈育宁等老先生勇于担当历史责任，对鄂尔多斯学的孕育和成形发挥了催生和助产等无以言表的历史性作用。老先生们把握住思维创造理论创新的机遇，既完成了学问、学术奠基人、创作者的角色，也巧妙地承担了鄂尔多斯学学问、学术传播者园丁角色的华丽转身。正如鄂尔多斯学研究会专家委员会副主任潘洁先生所言："立市之初，自治区主要领导来鄂尔多斯视察，看了城乡实情，听了官员汇报，认为鄂尔多斯的改革发展已经步入'快车道'，可以同原本居于领先地位的呼和浩特、包头交替领先了。也就是说，鄂尔多斯正在发生质变。一些长期在这里任职的党政领导、各行各业的专家学者也在回忆、思考、研究：这块土地上的奇迹是怎样产生的？这群人的创造潜能在哪里？如何衔接历史与未来、经济和文化？还有，如何把改革开放的成功经验条理化，让各级决策、施政更加理性化，使广大群众的综合素质与生活水平同步提高，这些领导、专家虽然已退休或将退休，但不甘心把一腔抱负、满腹经纶带回家里，若干年后，再带进坟墓；他们决心把大半生所学、所积累的知识与技能向地方奉献，为人民所用。恰在此时，土生土长并长期担任旗、盟党政领导的蒙古族第一代大学生奇·朝鲁从领导岗位上退下来，他提出了建立一个学术研究机构的愿望，很短时间，数十名学有专长的志同道合者聚在他的身边。他还联络了时任宁夏大学校长的陈育宁、全国政协常委的夏日（二位都在鄂尔多斯工作过很长时间）以及在伊克昭盟（今鄂尔多斯市）担任过重要职务的领导同志。于是，鄂尔多斯学研究会于 2002 年 9 月 16 日正式宣告成立了。"[1] 对于奇·朝鲁等三位老先生的作用，杨勇先生在研究会成立 15 年时，也有过一个概括："鄂尔多斯学研究会，是 15 年前由奇·朝鲁同志从伊克昭盟副盟长、巡视员的领导岗位上退下来后创办的一个民间社会组织。在创办之初陈育宁教授给予了理念上的支持与依据，夏日主席给予了精神上的鼓励与信心，周围的诸多老同志给予了创业式的鼓励和参战般的期盼，从鄂尔多斯走出的老领导和盟委行署的领导更是赞美有加、大力支持。"[2] 三位老先生的所作所为更加凸显出知识分子的使命主要是为社会服务，因为他们是新中国培养出来的第一代知识分子，所以他们比任何阶

1　潘洁：《鄂尔多斯学与鄂尔多斯的崛起》，北京：学苑出版社，2021 年，第 119—120 页。
2　杨勇：《努力开创地方学研究与实践的坚实阵地》，北京：知识产权出版社，2018 年，第 70—71 页。

层的人们都更能思考社会问题，从而真正为社会服务。

从现在的角度复原"鄂尔多斯学"创立时的条件，完全可以有这样的概括。

以奇·朝鲁为代表的老先生们站位改革开放时代，究天人之际，通古今之变，汇学问之秘，融学科贯通，构建与中华民族伟大复兴相匹配的区域性学问——鄂尔多斯学。鄂尔多斯学聚焦世界百年未有之大变局对鄂尔多斯的影响，聚焦新时代坚持和发展中国特色社会主义伟大事业如何在鄂尔多斯更好落地生根开花结果，聚焦实现中华民族伟大复兴的鄂尔多斯区域实践。

老先生们以高度的修养自觉和理论自信，既有脚踏巴拉尔草原的定力，也有永远牵挂鄂尔多斯的情怀，更有放眼世界的实践经验和远大理想，尤为可贵的是他们紧跟时代步伐，始终坚持马克思主义立场观点方法，把握鄂尔多斯经验，研究鄂尔多斯问题，凝练鄂尔多斯方法，淬炼鄂尔多斯思想硕果。将自在的研究提升到学问、学科或学术的地步，从星星之火，汇聚成一团熊熊燃烧的烈焰，且能够让这团滚烫的烈焰形成一个让人瞠目结舌的学术体系。更值得一提的是这种散发着泥土芳香又充满人类良知的地方学问，与那些两耳不闻窗外事、躲进小楼成一统的专家们为了评职称、申请基金、缓解科研院校的考核压力炮制出的大部头著述形成了鲜明对比。

老先生们在创立鄂尔多斯学过程中的所作所为，令人钦佩。记得任继愈先辈曾经在《中华五千年的历史经验》一文中说过："我从事教育这么多年，深感全国上下对人文科学、社会科学，没有放在足够重视的地位上，这是很危险的。人文科学、社会科学，不像自然科学那么立竿见影。正因为这样，所以大家更要及早引起注意。"[1] 对照鄂尔多斯学近 20 年的奋斗历程，恰好说明，发展中的鄂尔多斯所缺少的既不是知识和信息，也不是实践与经验，而是思想和智慧，尤其是真正有学术规范的深刻系统思想。社会主义市场经济条件下，鄂尔多斯人勇于探索，敢于冒险，善于运作，重

---

[1] 任继愈：《国史讲座：中华五千年的历史经验》，《决策与信息》2010 年第 7 期，第 64—70 页。

视实干，特别重视"术"，这是顺应潮流的作为。当今鄂尔多斯的大发展，需要有"术"，要运用好政策策略，但更需要有"道"、有"理"、有战略，需要战略性思想家，需要战略性研究成果。可以坦白地说，鄂尔多斯只有超越"术"的层面，实现战略性思想家和实干家的有机结合，才能真正实现生态优先，创新发展，转型发展，高质量发展。因此，我们有理由说，奇·朝鲁等老先生们的大胆创新行为是鄂尔多斯历史上的一次扛鼎之作。正如习近平总书记所说："一切有理想、有抱负的哲学社会科学工作者都应该立时代之潮头、通古今之变化、发思想之先声，积极为党和人民述学立论、建言献策，担负起历史赋予的光荣使命。"[1]

四、学术争鸣

鄂尔多斯学是一门学问。学问本身有生命，真正的学问人视学问如生命，学问研究自由和学问人心灵自由是学问有生命的前提条件。在这里，本文想强调的是，学问创新是学术的生命，学问研究的自由是学术研究人自由的生命。学问研究即学术研究，学问研究是要创造新知的，学问研究就是要讲出人所不知、人所未讲的东西，前人或时人已经讲过的东西，你扯开再大的嗓门重复，也是没有什么意义的，同时学问研究一开始也不会有现成的东西摆在那儿供你使用，全得靠你自己去挖掘、去发现。鄂尔多斯学就是这样一门学问。鄂尔多斯学研究必须标新立异、卓尔不群，最好能别具慧眼、独树一帜，起码也得发掘点新材料，提出点新观点，否则就不能算是学术研究成果。《鄂尔多斯大辞典》《鄂尔多斯学概论》就是独树一帜的研究成果，用史无前例、独领风骚这样的词语毫不过分，而且是恰如其分。

人类社会的实践证明，创造新知是学术、学问研究的终极目标和神圣使命，也是学术、学问的生命之所在。学术、学问只有不断创新，才能保

1　习近平：《在哲学社会科学工作座谈会上的讲话》，北京：人民出版社，2016年，第8页。

持旺盛的生命力。学术、学问创新一旦终止，学术、学问也就随即停滞、窒息、死亡。学术、学问犹如生物有机体，新陈代谢一旦停止，生命也就随之终止。对于鄂尔多斯学这门学问来说如此，对于其他学术、学问而言也都是这样。古希腊哲人的学说、中国诸子百家的经典之所以历久弥新，恰恰在于它们的不断创新：它们在当年是全新的精神产品，它们在此后乃至今天依然是启迪新思想的宝贵源泉（思想可以产生思想）和做出新诠释（这也是一种创新）的丰富资源。于是，我们可以顺理成章地坦言：学术、学问创新是学术、学问的生命。

学术、学问创新当然需要一定的外部条件，诸如自由而宽松的政治和文化氛围，必要的经济支持，健全的信息资料，等等。但是，更重要的是，学问人要保持内心的自由和独立的人格——不墨守成规，不迷信古人、洋人和权威，不在乎权力和金钱，不随风赶潮追时髦，不做某些利益集团的传声筒或代言人。由此可见，学术、学问创新并非高不可攀，关键是学问人得有诚心正意、持之以恒，强化精神气质和心理境界，夯实知识基础、治学经验和才气。学术、学问创新最好以问题为中心，善于捕捉和提出有意义的问题，并设法解决它，捕捉和提出问题往往比解决问题更重要，因为前者既需要对全局的透彻把握，也需要丰富的想象力，而后者多半只不过是程序性的事情。

学术、学问研究过程中，有人或囿于狭隘的视野，或缺乏足够的想象力，提不出、找不准有价值的理论问题和实践问题，结果东一榔头西一棒子，事倍功半。有人或出于利益的诱惑，或受到时尚的裹挟，没完没了地研究那些毫无意义的伪命题、假问题，虽说博得了一时的彩头、赢得了一些实惠，但是着实生命短暂，旋即沦为明日黄花。有人热衷构造洋洋大观的体系，喜好编织眼花缭乱的范畴之网，这种潮流在黑格尔时代就已经过时了，在今日学科精细划分、构建中国学术体系的情况下只会吃力不讨好。当然，这绝不意味我们反对在适当的时机进行系统的理论概括，也不意味不需要范式和方法的创造。但是，这样的历史机遇毕竟是不多见的。而且并不是每个有才华的学问人一生都能有幸碰得上的。创新是学术、学问的生命，遗憾的是，诸多不尽如人意的现实状况却阻碍学术、学问创新，窒息学术、学问生命。且不说在学术界近年剽窃抄袭者如过江之鲫，更为触

12

目惊心、贻害无穷的是泡沫学术满天飞，垃圾学术遍地堆。学术、学问研究不再是为了追求真知和创新思想，而是变成了评职称、捞外快、加官晋爵的敲门砖——这是学术、学问的畸形化。好在时间老人是只筛子，能够把那些平庸和劣质的东西筛掉，使之逐渐坠入遗忘的深渊。好在实践是检验真理的唯一标准，随着学问研究实践的深入，金子总是要光芒四射，学问就如金子一样，研究愈深、成果愈明、大道至简，方可深入人心，汇聚成磅礴力量。

立足鄂尔多斯这片生机勃勃的北方沃土，鄂尔多斯学出现在我国改革开放轰轰烈烈的发展时代，有领导经验丰富且年富力强者和学富五车历尽沧桑者的有机结合，让鄂尔多斯学迎来了构建中国学科体系的历史性机遇，鄂尔多斯学在祖国地方学大花园中盛开得婀娜多姿、如痴如醉。鄂尔多斯学没有因依靠交叉学科和综合学科而生存发展，而是充分利用了交叉学科和综合学科的研究成果，在构建中国特色社会主义学科体系的良好环境下，鄂尔多斯学未止步于从跨学科、交叉学科发展为综合性学科，而是沿着其本来的内在逻辑，提升为具有整体性的独立学问，即在前人已有的"志史学"著述和研究基础上，用马克思主义立场、观点和方法进一步总结凝练出推动鄂尔多斯发展的一门具有内在规律性的学问。

五、学界繁荣

我国学界当下的状况可谓机遇与挑战并存，即全面进入存量改革与增量中国化互动的变革时期。伴随市场经济的活跃繁荣，拒绝深刻、瓦解崇高、调侃经典，热衷于去思想化、去价值化、去主流化等现象有之；淡漠生活、淡化主题、善恶美丑不分，颠覆原有价值理念、标榜以反主流研究现象有之；媚洋、贪大、求奢，追求搜奇猎艳，热衷于渲染社会与人性阴暗面等现象有之；娱乐至上、市场为王，造假抄袭、空话连篇，毫无价值的"独特"著述有之；而争风于名利场，热衷于政绩事功，不惜粗制滥造赶工献礼，行业内时有风气颓败的泛滥现象有之；也在一定程度上侵蚀折损着学问、学术创作的质量；更有理论研究失语、缺位，浮泛表扬远多于尖锐批评而导致良莠莫辨的失范现象形成了不良循环效应……凡此种种，都从不同角度，以不同方式侵蚀着思想产品、理论作品铸魂、塑人的应有之义，也成为导致学问、学术产品"有数量缺质量，有'高原'缺'高峰'"现象的顽症所在。

有识之士们一针见血地提出，我们的学界缺乏科学精神，具体到人文研究，科学精神就是立足客观事实，依照理性要求，求真务实；按照基本逻辑规则梳理思想，表达见解。还有学者提出，我们的学界缺乏独立思考、追求思想进步的精神。坦率地说，我们现在很多人文研究就是低水平的重复。重复古人，重复洋人，食古不化，食洋不化，说自己半懂不懂、似懂非懂的话。动辄某某古人说什么，某某洋人说什么，就是没有"我"自己深思熟虑后说什么。

学界的浮躁对地方学的影响特别严重，换个地名，换个数字，换个年代，就成为另一个地方学者的研究成果，诸如此类现象，举不胜举。鄂尔多斯学诞生在这样一个大环境下，尽管学界议论纷纷，智者见智，仁者见仁，说三道四的司空见惯，说这说那的随处可遇，但研究会领导人始终坚定不移地用马克思主义基本理论引领专家学者立足鄂尔多斯，研究鄂尔多斯，服务鄂尔多斯，在披荆斩棘的征途中栉风沐雨后，没有走向"悲壮之路"，而是走出一条地方学研究的鄂尔多斯新路子。

2005 年，由鄂尔多斯学研究会倡议，温州学、泉州学、潮州学、扬州学、徽学等地方学研究机构共同发起成立了中国地方学研究联席会。鄂尔多斯学研究会担任首届执行主席方单位，奇·朝鲁先生也就顺理成章成为中国地方学研究联席会首任主席。从此，我国地方学研究进入交流交往合作时代，探索性的活动十分活跃，南北东西取长补短，公办民办合办互通有无，"学术论坛""座谈会""交流会""专题讨论会"接连不断，《地方学研究信息》一期接着一期，已发行近 200 期，《地方学研究》从第一辑出版到第六辑，鄂尔多斯学研究会和北京学研究会轮流组织出版。2008 年，北京学成为第二任执行主席方。2019 年，北京学研究基地与韩国首尔学和日本富士学等地方学研究机构合作，共同在北京成功举办"首届亚洲地方学与地方文化国际学术研讨会"，收到来自韩国、日本、马来西亚、蒙古、加拿大、中国学者提交的 70 篇论文，特别是中、韩、日三方共同努力推进东亚地方学的研究，三方进一步地将地方学发展成为对全亚洲地区振兴和不同地方研究的学科领域，为人类命运共同体构建发挥着地方学学科的理论作用。

地方学专家李殿光认为，在"全球化"背景下，以地域文化为标志的软实力，已经成为一个地方发展的巨大动力。一个地方的文化产业，与当地独有的历史文化价值有紧密的关系，这种特有的文化价值是带动一个地方社会、经济、文化发展的潜在动力。[1]而鄂尔多斯本土专家柴银蛇认为，一切经济行为的终点都是文化，经济发展是以货币流通的方式换来非货币的文化成果。底蕴深厚、富有特色的地方学是地方经济社会发展源源不断的内生动力和主导性资源。第一，地方学能有力地促进地区经济社会可持续发展；第二，地方学的创新有力地推动地方经济创新；第三，地方学内在的精神力量是有效促进地方经济健康发展的正能量；第四，地方学是促成消费形态转移的推动力量。文化的"经济化"与经济的"文化化"已经成为世界发展不可阻挡的新趋势，决定着区域产业结构和经济结构的调整和升级，引导着居民消费结构升级转型，推动着人和环境的结合与互动。研究地方学，并非"迎合"潮流，也非"发思古之幽情"，而是在探究地方学内在发展演变规律的基础上，科学把握地方学与经济社会发展的互动关系，充分挖掘地方学文化资源的价值，发展文化生产力，培育新的经济增长点，推动地方经济持续、快速、健康发展。[2]

由此可见，改革开放这个伟大时代的发展需要地方学建言献策，而地方学也应该在改革开放这个百年未有之大变局中得到从未有过的极大繁荣。正是在这样的大背景下，鄂尔多斯学因时代而立、因作为而兴、因交流而跃、因个性而美、因文化而强。

1　李殿光：《探析地方社团组织在当地经济文化建设中的作用与展望》，北京：学苑出版社，2021 年，第 89 页。

2　柴银蛇：《地方学价值及对地方经济社会贡献分析》，北京：学苑出版社，2021 年，第 44—50 页。

第二章　鄂尔多斯学与地方发展

古今中外地方学的实践证明，任何一个地方学，都需要弄清楚是什么时候为什么而立，中兴的原因是什么，强盛的根源又是什么？本章以鄂尔多斯学为例，试论地方学与地方发展的关系。

一、鄂尔多斯学因时代而立

人类文明是有时代之划分的。在西方，雅斯贝尔斯在《历史的起源与目标》一书中表达过，公元前 800 年至公元前 200 年是人类文明的"轴心时代"，是人类文明精神的重大突破时期，当时古代希腊、古代中国、古代印度等文明都产生了伟大的思想家，他们提出的思想原则塑造了不同文化传统，并一直影响着人类生活。在谈及文艺复兴运动时，恩格斯也表示过，这是一个需要巨人而且产生巨人——在思维能力、热情和性格方面，在多才多艺和学术渊博方面的巨人的时代。在我国历史上，先秦时期也曾出现过百家争鸣的兴盛局面，开创了中国古代文化的鼎盛时代。20 世纪初，五四新文化运动对中国社会变革产生过重大影响，成为全民族思想解放运动的重要引擎。改革开放以来，中国的巨大变化正在影响着人类世界百年未有之大变局；从党的十八大开始，我国进入中国特色社会主义新时代。

新时代面临着新问题，问题是时代的格言，是公开的、无所顾忌的、支配一切个人的时代之声。问题是创新的起点，也是创新的动力源。一切学问只有聆听时代的声音，回答时代的呼唤，才能把握历史脉络，找到发展规律，推动理论创新和实践创新。恩格斯说过，每一个时代的理论思维，都是一种历史的产物，在不同的时代具有非常不同的形式，并因而具有非常不同的内容。为什么鄂尔多斯撤盟设市伊始偏就出现了一个"鄂尔多斯学研究会"呢？陈育宁教授给出了中肯的回答："我在 2002 年初解释鄂尔多斯学这个名称时提出，鄂尔多斯学是以鄂尔多斯为研究对象的一门学问。需要说明的是，鄂尔多斯学这个概念不属于目前我国对于人文社会科学所界定的学科范畴。在人文社会科学里面，国家已对各种专业的学科有了一个明确的规范和界定，比如说历史学、语言文字学、经济学，都是以专门特定的领域为研究对象的学科。依据学科涵盖的范围和层次，又分为一级学科、二级学科等。这些规定也是目前我国在划分专业、界定学位、评定职称、申请课题立项等方面的依据。而鄂尔多斯学则是以鄂尔多斯的历史、文化、经济、自然环境变迁等众多领域为研究对象，它不是一门学科，而是一门地方性的综合学问，这门学问里包含了不同学科，不同的学科里又包含了若干鄂尔多斯学的子系统。比如研究鄂尔多斯历史时，必然涉及蒙古史，这部分内容在人文社科的学科规范中，是属于历史学这个一级学科之下的一个二级学科专门史的内容，在专门史中又是属于民族史的范围。作为鄂尔多斯学这个概念，显然和规范学科中的历史学、法学、经济学等学科概念不属于一个范畴。那么，'鄂尔多斯学'的概念应该怎样去理解呢？我认为，鄂尔多斯学就是以鄂尔多斯为研究对象，主要是以那些具有自身特色、自成体系、有自身发展规律的社会文化现象、经济现象为研究对象，把这些研究的问题加以概括提炼，成为一门有专门知识和理论方法的学问，构成'学'。""鄂尔多斯学是以一个特定的地区为研究对象，但仅这一点是不能构成一种专门的地方学问，因为每一个地区的历史、文化、民族、民俗、经济社会的发展，都有可研究的内容，但是不能说每个地区的研究都是一门'学'。要形成一个专门的学问，必然要有它一些特殊的内容，有它自身的体系，有它自身的规律性的东西，还有历来对它研究成果的积累所形成的基础。从这个意义上讲，尽管每个地区都有自身专门的研究，但不一定都能概括成一门'学'。""构成一门专门的地方学，应该有其独具特色的基本内涵。鄂尔多斯学的基本内涵和特征是什么呢？第一，鄂尔多斯较完整地保留了蒙古族最基本的传统文化，是蒙古传统文化的标本。第二，鄂尔多斯保留了蒙古族最完整、最丰富、最有特征的祭祀文化。第三，鄂尔多斯有着研究和传承地区文化的深厚传统。第四，改革开放以来，鄂尔多斯走出了一条资源转换促进发展的成功道路，构成了鄂尔多斯学研究的新内容。"[1]

人类实践一再证明，不同时代有着不同问题，不同问题需要不同的解决办法，而各有特色的方法几乎全部来自不同的学问解答，不同学问就是不同时代的产物。习近平总书记指出："当代中国的伟大社会变革，不是简单延续我国历史文化的母版，不是简单套用马克思主义经典作家设想的模板，不是其他国家社会主义实践的再版，也不是国外现代化发展的翻版，不可能找到现成的教科书。我国哲学社会科学应该以我们正在做的事情为中心，从我国改革发展的实践中挖掘新材料、发现新问题、提出新观点、构建新理论，加强对改革开放和社会主义现代化建设实践经验的系统总结，加强对发展社会主义市场经济、民主政治、先进文化、和谐社会、生态文明以及党的执政能力建设等领域的分析研究，加强对党中央治国理政新理念新思想新战略的研究阐释，提炼出有学理性的新理论，概括出有规律性的新实践。这是构建中国特色哲学社会科学的着力点、着重点。一切刻舟求剑、照猫画虎、生搬硬套、依样画葫芦的做法都是无济于事的。"[2]

马克思说过，一切划时代的体系的真正的内容都是由于产生这些体系的那个时期的需要而形成起来的。理论是时代前进的最强音，最能够代表一个时代的呼声，最能够集中一个地方的民意，最能够引领一个时代的民情，最能够促进人们为美好生活而努力奋斗。时代对于人们而言可遇而不可求。时代总会将历史机遇留给那些有思想准备的智者。"鄂尔多斯学"的创始人可谓把握住时代发展脉搏的人，他们为鄂尔多斯历史文化的传承与弘扬，为鄂尔多斯改革开放的经验总结与提升，为鄂尔多斯绿富同兴的高质量发展，为鄂尔多斯各族人民群众美好幸福生活，为鄂尔多斯走向世

---

1 陈育宁：《我与鄂尔多斯学》，银川：宁夏人民出版社，2009年，第23—33页。

2 习近平：《习近平谈治国理政》（第二卷），北京：外文出版社，2017年，第344页。

界搭建起无法替代的一个研究平台。对此，杨勇研究员有过独到的认识，"鄂尔多斯学研究会，是17年前由奇·朝鲁同志从伊克昭盟副盟长、巡视员的领导岗位上退下来后创办的一个民间社会组织。在创办之初陈育宁教授给予了理念上的支持与依据；夏日主席给予了精神上的鼓励与信心；周围的诸多老同志给予了创业式的鼓动和参战般的期盼；从鄂尔多斯走出去的老领导和盟委行署的领导更是赞美有加、大力支持。时至今日，鄂尔多斯学已经成为一门独立的学科体系。""鄂尔多斯学已经历经17年的不懈努力，表现出了非常显著的三大特点。第一，始终坚持办会宗旨不变。即'立足学术、服务建设、创新机制、着眼未来'的办会宗旨。第二，建立专家委员会研究机制。现有专家委员会专家160多人、研究会会员240多人。第三，开展学科体系建设与课题性研究。鄂尔多斯学＝知识体系＋应用服务。"[1]时代是思想理论之母，实践是思想理论之源。中国改革开放伟大时代催生了鄂尔多斯跨越式发展的壮丽实践，鄂尔多斯的实践又催生出"鄂尔多斯学"这样一门新时代的地方学学问。正如陈育宁先生所言："鄂尔多斯学的出现，是鄂尔多斯模式发展的一个产物，是鄂尔多斯模式的重要标志之一；鄂尔多斯模式又是鄂尔多斯学研究和宣传的重要内容之一。"[2]

马克思曾深刻指出，问题就是时代的口号，是它表现自己精神状态的最实际的呼声。文军说过："任何一门学科的产生和发展，都是为了满足现实的认知需要，回应时代所面对的问题。"[3]鄂尔多斯学研究会创始人奇·朝鲁在《鄂尔多斯学与地方学》一文中提出："第一，鄂尔多斯学是地方学。地方学，就是一个地区长期形成的有自己独特特征、自成体系、有自身规律的专门学问；是把国内某一地区作为相对独立的研究对象，除了涉及该地区的地理、历史、人文、民族等之外，揭示该地区在现阶段的生存状况和发展方式等诸多方面所呈现的特点；地方学是一门交叉学科、边缘学科、综合学科。地域性和综合性是其显著特点之一。第二，鄂尔多斯学是以地区历史、文化、经济、民族、生态环境及其互促联动发展规律

1　张宝秀：《地方学研究》第2辑，北京：知识产权出版社，2018年，第70—71页。

2　陈育宁：《我与鄂尔多斯学》，银川：宁夏人民出版社，2009年，第218页。

3　文军：《增强社会工作学科的理论自觉》，《人民日报》2014年10月10日。

为研究对象，是研究'鄂尔多斯现象'产生、发展及其规律性的学科。具有强烈的为区域发展服务的意识，其出发点和归宿就是面对鄂尔多斯历史与现实去探索规律，如人与自然和谐相处、各民族共同团结奋斗共同繁荣的发展规律，地区经济、政治、文化、社会'四位一体'和谐发展规律等，以人为本，为人的全面发展服务。第三，鄂尔多斯学有独具特色的基本内涵。如具有独特的资源禀赋（地质矿产、生态环境、文化积淀），特殊的经济社会变革追求，易于凝聚的团队精神、地区性格和开放意识等。第四，鄂尔多斯学以人为本，研究鄂尔多斯人及其人文精神，注重鄂尔多斯亲和力、向心力、创造力的传承和弘扬，历久弥新，与时俱进。具有宣扬知识、揭示规律、凝聚精神的功能，发挥引导决策、服务经济建设、提高人口素质的作用。第五，鄂尔多斯学是以鄂尔多斯为品牌标志，注重历史与现实、传统与时代对接，打造地域文化国际品牌，是在独有传统智慧基础上构建新区域新文化的诸多学科的集大成者。第六，要以世界的全国的科学的眼光去看去研究鄂尔多斯学。确立地方学要有世界的眼光和大中华的胸怀。正如有关专家所言，用战略眼光看鄂尔多斯学研究，要采取跨学科、跨民族、跨地域、跨文化，调查与分析、形式逻辑分析与辩证逻辑分析、分期与分类研究等相结合的方法进行综合研究。"[1]

由此可见，鄂尔多斯人在改革开放这个伟大时代不仅创造出许多人间奇迹，"三次创业"实现三次转型发展，团结奋进、走进前列，战胜自我、推进文明、实现跨越，而且立于时代潮头的大浪之中，创造出"鄂尔多斯模式"，创立了"鄂尔多斯学"，硬实力和软实力都得到长足发展，实现了绿富和文明双飞跃。

二、鄂尔多斯学因作为而兴

历史上的鄂尔多斯先因部落得其名，后泛指区域，2001年被国务院确

1　陈育宁：《我与鄂尔多斯学》，银川：宁夏人民出版社，2009年，第6—7页。

定为地级市名。鄂尔多斯学诞生在鄂尔多斯，时间是 2002 年 9 月 16 日。鄂尔多斯学从出生之日起，就始终坚持用马克思主义的立场观点方法来研究解决鄂尔多斯的问题。在发现问题、研究问题和回答问题时，坚持以中国特色社会主义理论体系为指导，正确处理了问题与思想这对关系；在学术与政治这对关系方面，坚持旗帜鲜明讲政治的同时，又善于用学术来讲好政治，做到以理服人；在历史与现实这对关系上，既有无比深厚的历史底蕴和视野，又特别注目现实的发展与成就；在理论与实践这对关系方面，既大胆用理论来明辨是非、知晓善恶，又充分用实践来检验和发展理论；在地方研究与中华文化和世界潮流这对关系方面，既有世界眼光，又讲中国大局，既有全局观念，又立足地区实践，既对接国情国策，又放眼全球，在认识和把握世界大势与时代潮流的同时，又顺应我国发展新常态和新变化，更着力落脚在解决鄂尔多斯转型发展的各种机遇与挑战。

立足于改革开放伟大时代的鄂尔多斯学，一出世就与众不同，其表现如下。

一是起点高。研究会立足存史、立论、资政、惠民的高起点。突出地表现在研究会研究人员是由"三结合"构成的，有研究鄂尔多斯的专家学者，有退下来的老领导、老同志，还有实际工作部门的同志，这种"三结合"的组成结构，优势在于"1+1+1>3"，思想、经验、方法交流碰撞产生出众多的精神火花，形成数不清的理论脉络，经过淬炼，出现了大量的报告、论文、著作，为各级领导、各行各业提供资政智囊作用。如，提供给文化部有关单位的"关于阿尔寨石窟保护的建议"，得到高度重视；再如，建议"中华世纪坛"在适当时候考虑弥补缺失成吉思汗这一伟人的重大失误，"中华世纪坛"管理部门回复，诚恳采纳此建议，等等。另，在 2005年，由鄂尔多斯学研究会牵头，与江苏扬州文化研究会、福建泉州学研究所、浙江温州学研究中心、广东韩山师范学院潮学研究所、安徽徽学研究会 6 个地方学研究机构共同发起成立了"中国地方学研究联席会"，这是地方学发展历史上的一个重大突破。这个突破的最大特点是地方学研究不应该闭门造车，而应该站位全国一盘棋的视野，只有放眼中华民族伟大复兴的地方学才能符合时代要求。

二是作为大。鄂尔多斯学研究会初步破解了社会科学研究领域存在的"两个循环"之难题。所谓"两个循环",即,一个是一些专家学者的研究是学院式的,从提出课题,进行研究,写成文章写成书,发表出版,之后评奖评职称,任务完成,这个循环就结束了;另一个是在实际工作部门,领导出题目,如发展战略、发展规划,秘书班子按照领导意图,写成报告,然后开会,领导作报告、形成文件、下达贯彻,这个循环也完成了。专门的研究机构和专家,与实际部门缺少沟通,缺乏结合,体制上也把它们割裂为两个各自的循环系统,理论和实际的资源没有整合在一起,这种状况是普遍存在的。如何把理论智力和实际经验结合起来,把这两个循环结合起来变成一个大的循环,这需要一个媒介把它们联系起来。鄂尔多斯学研究会在这方面探索出一些自己的做法和经验,叫作"立足学术、创新机制、服务建设、着眼发展"。

三是成果丰。20年时间里,鄂尔多斯学研究会组织学术会议近100场,出版《鄂尔多斯大辞典》《鄂尔多斯学概论》《鄂尔多斯研究》《成吉思汗文化》《温暖世界骄子情怀》《伊金霍洛旗改革开放40年》《红色鄂尔多斯》《绿色鄂尔多斯》《发展鄂尔多斯》《文化鄂尔多斯》《幸福鄂尔多斯》《2035的鄂尔多斯》等百余部论著;在《鄂尔多斯日报》上刊出200期专刊,发行《鄂尔多斯学研究》汉蒙两种文字期刊80期;网络上推出了鄂尔多斯学公众号,实现了线上线下的随时交流;与北京学研究所联合出版中国地方学研究成果系列《地方学研究》6辑;鄂尔多斯学研究会的专家学者在当地和全国各地先后进行学术交流超过百场,听众达4万多人次;鄂尔多斯学研究会接待海内外专家学者超过千人次,深度交流了鄂尔多斯厚重历史文化、现实发展状况及未来宏图美景。

四是获奖多。从2002年至2018年,先后获得市里各类奖12项,连续多年被评为全市"先进学会",2007年,被内蒙古自治区民政厅评为"全区先进民间组织"、被内蒙古社会科学联合会评为"先进学会";2009年,会长奇·朝鲁被评为"全国离退休干部先进个人";2009年会长奇·朝鲁被评为内蒙古自治区离退休干部先进个人;2010年被国家民政部评为"全国先进社会组织";2010 年,《鄂尔多斯大辞典》被评为内蒙古自治区第三届哲学社会科学优秀成果政府奖三等奖;2012 年,在全国大中城市社会科学界联合会第二十三次工作会议上被评为"先进社会科学团体";2014 年,《鄂尔多斯学概论》被评为鄂尔多斯市第三届哲学社会科学优秀成果一等奖。2015 年,《鄂尔多斯学概论》被评为内蒙古自治区政府第五届哲学社会科学优秀成果二等奖;2017 年,被内蒙古自治区社会科学界联合会选为内蒙古自治区社会科学普及基地;2017 年,在全国社会科学界联合会第十八次学会工作会议上评为全国社会科学界联合会创建新型智库先进社会组织;2018 年,鄂尔多斯学研究会荣获鄂尔多斯互联网办公室"2017 年度网络社会工作先进集体"称号。

总结鄂尔多斯学研究会为什么能在不太长的时间内取得如此众多的收获呢?"领军人物"德才兼备是关键的关键。他们热爱鄂尔多斯,事业心极强,号召力极大,甘为团结带领那些研究地方历史文化及发展现状与未来趋势的研究人员,协调社会各界为研究会想方设法提供各种优质服务,"智库"指挥中心的力量无比坚强又不缺少办法,既有短期任务,又有中长期规划;既能让当地研究人员发挥作用,又能够充分利用外地专家学者所长;专家学者们聚起来有话要说,分散后有报告论文专著可提供;说鄂尔多斯事,研究鄂尔多斯史,谈论鄂尔多斯发展,成为 200 多位会员的心头之事,成为 160 多位专家委员会成员的研究之事。今天,我们这代人应该可以说,鄂尔多斯学研究会第一代领军人物对研究会这个平台作用的发挥到了极致的水平。"研究人员"众多且能各领风骚,既愿各抒己见,又情愿为"五斗米"折腰。回过头来看,鄂尔多斯学研究会第一代研究人员多半出生在 20 世纪三四十年代,民族成分有汉族有蒙古族,出生地有当地有外地,文化程度有高有低,工作经历普遍复杂,理论研究有深厚功底,他们的共同特点是在鄂尔多斯工作过、热爱鄂尔多斯、眷恋鄂尔多斯,还想为鄂尔多斯历史文化研究贡献余热,为鄂尔多斯发展腾飞建言献策。"服务人员"年轻有为、精干熟练且各尽所能,又"不爱金钱爱书本",忙里忙外、忙东忙西,有条不紊、头头是道,报纸月月出专版、期刊汉蒙两种文字、书稿天天需联络、信件日日要处理、会前会后迎来送往、会上会下马不停蹄，每年三百六十五个日子忙得不亦乐乎，领导指示、专家材料、上级要求、地方会议，都要在他们那里落地开花。"受众群体"有高有低，既有各级党委政府，又有企事业单位，"出题者"越来越积极踊跃，"买单者"越来越出手大方，鄂尔多斯人有著书立说的优良传统，当代鄂尔多斯人又深谙协商民主的资政作用，鄂尔多斯学研究会成为众多部门特别欢迎的民间研究机构。由此可见，诞生在改革开放这个阳光灿烂年代的鄂尔多斯学，在沃野千里的能源富集区，巧遇一群酷爱家乡的仁人志士，谈古的，让历史活灵活现；论今的，让当下"绿富同兴"。问题导向，立项研究，制度管理，奖励先进，中小课题层出不穷，中长规划扎实推进，大部头著作也能"十年磨一剑"。鄂尔多斯学研究会在习近平总书记"要按照立足中国、借鉴国外，挖掘历史、把握当代，关怀人类、面向未来的思路，着力构建中国特色哲学社会科学，在指导思想、学科体系、学术体系、话语体系等方面充分体现中国特色、中国风格、中国气派"[1]。思想的指导下，在加快构建中国特色哲学社会科学思想的指引下，排除各种干扰，扎扎实实工作，沿着"知识体系＋应用服务"的方向努力奋进。

三、鄂尔多斯学因交流而跃

鄂尔多斯学的产生固然与鄂尔多斯有着千丝万缕的联系，当然，奇·朝鲁、夏日、陈育宁等老前辈为鄂尔多斯学的问世付出过辛勤劳作，但最为重要的因素还是改革开放这个伟大时代的助推。因此，鄂尔多斯学从诞生之日就与改革开放结下不解之缘。2005年，由鄂尔多斯学研究会倡议，温州学、泉州学、潮州学、扬州学、徽学等地方学研究机构共同发起成立了中国地方学研究联席会。鄂尔多斯学研究会担任首届执行主席方单位，奇·朝鲁先生也就顺理成章成为中国地方学研究联席会首任主席。从此，我国地方学研究进入交流交往合作时代，探索性的活动十分活跃，南北东

---

1 习近平：《习近平谈治国理政》（第二卷），北京：外文出版社，2017年，第338页。

西取长补短，公办民办合办互通有无，"学术论坛""座谈会""交流会""专题讨论会"接连不断，《地方学研究信息》一期接着一期，已发行近 200 期，《地方学研究》从第一辑出版到第六辑，鄂尔多斯学研究会和北京学研究会轮流组织出版。

20 年来，鄂尔多斯学研究会始终坚持开放办会，"地方学联席会议"是全国地方学学术交流的一个重要平台，同行们走到一起，密集展示各自的研究成果，有意无意地在践行"不怕不识货，就怕货比货"的学术交流，好的科研成果令人叫绝，让人羡慕不已。不少人看到别人长处，暗下决心，鼓舞信心，增进力量。学术交流会上，专家学者们科研思想碰撞，科研思路被激活，科研灵感随之迸发，通过掌握科研动态，积极培养科研兴趣，拓宽了研究视野，增长了学术见识，提高了科研鉴赏能力，提高了学术研究品位。著名物理学家海森堡曾经说过，"科学扎根于交流，起源于讨论"[1]。学术交流是科学发展的产物，也是学术本身发展的需要。实践告诉人们，学术交流可以增长人们的学识和才能，取长补短，克服或摆脱人们的狭隘和片面认识，学术交流可以给人见所未见、闻所未闻的知识和观点。爱因斯坦年轻时喜欢用晚上时间，约请一些朋友在一起，一边喝茶一边讨论学术问题，他把这种聚会冠以"奥林比亚科学院"的美称。他早年的一些重要学术论文，几乎都在这个"科学院"讨论过。

2021 年 5 月，内蒙古自治区社会科学界联合会首创的"内蒙古自治区社会科学创新平台"又授予鄂尔多斯学研究会"沿黄生态保护与高质量发展智库联盟"。围绕黄河"几"字弯以生态优先、绿色发展为导向的高质量发展这个时代命题，7 个盟市的专家学者线上线下联动，将内陆地区如何如期实现中国特色社会主义基本现代化的美好文章，陆陆续续书写在阿拉善戈壁大漠、巴彦淖尔"八百里后大套"、乌海大街小巷、鄂尔多斯煤海沙山、包头钢铁大街、呼和浩特青山南北、乌兰察布无数沟叉……"智库联盟"的协调沟通作用，已经基本形成了黄河"几"字弯社科研究过程中的一个"群体共振"或"群体共生"现象，群体共生蕴含着丰富的思想

---

1 《科技导报》2009 年 1 月 27 日第 9 版。

和理念，其核心是"双赢"和"共存"。地方学共生关系作为共生现象的一个组成部分，其中的共同理念、合作理念、互惠理念和平等互助理念在不同层面揭示了地方学关系的哲学意义所在。地方学共生也不排除相互竞争，但这种竞争是一种合作竞争，而不是相互排斥。地方学共生现象是一种新兴组织现象，地方学共生过程是诸多地方学在合作竞争机制的驱动下，自我完善，自行趋优，不断提高自身的复杂度和精细度的过程。地方学共生关系的存在，最重要的是体现在形成一种共生能量，这种能量是共生关系增加的净能量，来源于地方学共生体对经济、社会、文化、生态等的有效生产、交换与相关权益、利益的配置。"智库联盟"在运行过程中，不断推动"群体共生"更加趋优。

20年来，鄂尔多斯学研究会先后举办大大小小的研讨会超过百场，全国各地专家学者4000多人与会，国外学者也有30余位参加。研讨会上，专家学者们围绕主题，畅所欲言，各抒己见，每一次的综述都有一些观点被地方党政部门采纳。这里需要特别说明的是，一次有关"阿尔寨石窟"的座谈会议上，有学者提出，应该尽快给国家文物局提交一份专题报告，请求将阿尔寨石窟尽快列入国家文物保护单位。座谈会结束后，鄂尔多斯学研究会通过有关部门向国家文物局提交了报告，该报告很快得到批复，阿尔寨石窟被列入国家文物保护单位。还有一次是市委老干部局主要领导一行来鄂尔多斯学研究会围绕庆祝建党一百周年组织活动进行座谈，有专家提出，市委老干部局应当借此百年良机，组织老干部、老专家、老模范开展一次大型调研，围绕红色鄂尔多斯、绿色鄂尔多斯、发展鄂尔多斯、文化鄂尔多斯和幸福鄂尔多斯，让老同志们缅怀过去、立足当前、展望未来，说说心里话，谈谈过往事，留下几本存史育人的本土读物。老干部局主要领导征得市委领导认可，鄂尔多斯学研究会组织专家学者用一年多时间入户进家、线上线下专访了全市近500位老同志，完成了120多万字、400多幅图片的5本书，成为内蒙古自治区建党百年的重要献礼成果。

20年来，鄂尔多斯学研究会组织专家学者90多批次参加全国性、地区性地方学的研讨会、学术交流会、座谈会等240多场（次），共有1370多人次与会分享了科研成果。这些年，研究会还组织举办过各种类型的培训班、业务提升班等，培训学员 380 多人次。这些年，研究会还组织专家学者进机关、进校园、进矿山、进军营、进社区、进乡村、进媒体、进网络等，宣讲社科知识近千场次，受众人群多达 8 万多人次，《鄂尔多斯学研究》用汉蒙两种文字刊发近百期，受众人群达 15000 人次，《鄂尔多斯日报》专刊 230 多期，受众人群达 6 万多人次，《鄂尔多斯电视台》播发《印迹鄂尔多斯》和《红色百年鄂尔多斯》70 多期，受众人群高达 50 多万人次，网络上刊发《红色鄂尔多斯》《绿色鄂尔多斯》《发展鄂尔多斯》《文化鄂尔多斯》《幸福鄂尔多斯》后，不到一周，点击率就超过百万人次。还有不少相互交流的故事，这里就不再赘述。

综上所述，鄂尔多斯学研究会开放办会 20 年，活跃在大江南北，交流介绍温暖世界的鄂尔多斯，学习借鉴各地地方学的优势和长处，取长补短，相得益彰，互相鼓励，共同进步，全国地方学界留下许多丰富多彩的传奇故事。

我们认为，全国一盘棋，地方学是五颜六色的棋子，善于交流的地方学，可以为活跃一盘棋发挥重要作用，而善于捕捉机遇的棋子，可以为一盘棋更加活跃做出应有的贡献，同时使它得到良好的发展。

四、鄂尔多斯学因个性而美

鄂尔多斯地处黄河"几"字弯中，西北东三面被母亲河环抱，地理位置相对独立。"一方水土养一方人"这句古语在这里得到了恰如其分的印证。一方水土指的是这块土地上的自然环境特征，无论往古还是当下，大自然中的一切都是人们赖以生存的资源，环境的属性不仅造就了人的性格，也塑造了一地的文化。说起环境，与人关系最密切的是水，水是生命存在的前提，也决定了人们的生活方式。中国大地上有一条隐形的界线，这就是年降雨量 400 毫米等值线，它将中国界分东西。年降雨量 400 毫米等值线与青藏高原东缘相互衔接，东部湿润多雨，西部干旱多风，东西两地景色迥然，民生迥然。"骏马秋风冀北，杏花春雨江南"出自画家吴冠中，寥寥几笔勾勒出东西迥然相异的景观与民生。环境打造了景观，也限定了人们的产业。《辽史·营卫志》有这样一段记载："长城以南，多雨多暑，其人耕稼以食，桑麻以衣，宫室以居，城郭以治。大漠之间，多寒多风，畜牧畋渔以食，皮毛以衣，转徙随时，车马为家。此天时地利所以限南北也。"长城以南，这是农耕区；大漠之间，属于草原畜牧业区。年降雨量400毫米等值线穿行而过的地带，正是农耕区与畜牧业区的交界处，这就是为人熟知的农牧交错带，黄河"几"字弯里的鄂尔多斯就处于农牧交错带。

农牧交错带处于农耕区与畜牧业区的边缘地带，生活在这里的人们或农或牧，也营造了属于这里的地域文化。考古成果给人们留下许多信息，成为了解这块土地上文化的重要依据。

旧石器时代的"河套文化"告诉人们，四五万年前，这里就有人类生息繁衍。"乌兰木伦"遗址的发现，让人们有理由认为，新石器时代，这里仍然有人类活动的痕迹。距今约4000年，这里的人们已经将农耕文明和游牧文明掌握的青铜器文化有机结合，融合出独具特色的鄂尔多斯青铜器文化，"朱开沟遗址"中出土的"鄂尔多斯青铜器"，就是最有说服力的明证。朱开沟遗址位于内蒙古伊金霍洛旗纳林塔乡朱开沟村，遗址文化遗存共分五段，伴随气候变迁，人类活动方式由农耕、狩猎、采集，转向半农半牧乃至畜牧业占重要地位的渐进过程。揭示气候变化的是植物类型，蒿科、藜科均属于半干旱、干旱气候条件下的草本植物，这类植物对旱生环境有较明显的指示作用。朱开沟遗址第一段文化层中蒿、藜科植物花粉比例仅占50%，以后随着时间推移这类植物所占比重越来越大，由50%增至70%，至第五段已达到93%，成为占绝对优势的植物。由于蒿科、藜科植物的旱生属性，这类植物的占比增加反映了环境逐渐向冷干方向发展的变化特征。

早期人类活动与环境之间的依存关系十分密切，伴随环境发生变化的同时，人类活动方式与生存手段也出现了相应的转变。在朱开沟遗址第一段发掘的生产工具中既包含农业生产工具，也有用于射猎的工具，这些工具证明了人们在这一阶段不但从事原始农业种植，同时也将射猎作为辅助农耕的重要谋生手段。在农耕与射猎两种生存方式之外，遗址中出土的动物骨骼从另一个角度显示了朱开沟时期的人们在从事农耕与射猎的同时，还存在放养业。如果对于朱开沟遗址五个阶段环境、工具以及猪、羊、牛骨骼数量的变化进行对比分析，就会发现遗址文化层从第一段向第五段随着气候干旱与寒冷程度逐渐增加，羊、牛与猪之间的比例有逐渐增加的趋势。猪、羊、牛虽然都属于人类驯化、饲养的动物，但由于动物之间生理特征的差异，一般将猪的饲养视为农业生产的标志，而羊与牛的饲养则成为畜牧业的象征。朱开沟遗址五个文化段中猪、羊、牛比例的变化，显示的正是农业与畜牧业互为消长的过程。第一段中猪所占比例超过羊、牛比例的总和，这一时期农业生产在各业中占有突出地位，此后各段中随着气候转干、转冷，农作物渐渐失去了生存条件，而面对环境变化牛、羊等牲畜却具有较强的适应能力，其比例不断超过猪。内蒙古文物考古研究所编著的《朱开沟——青铜时代早期遗址发掘报告》中指出，当文化发展到第五段时，不但房址、墓葬数量明显减少且分散，而且人们使用的工具中已经出现了大量青铜工具，这些青铜工具与后来在内蒙古其他地区发现的青铜器均带有游牧经济的文化特征。面对气候变化人们自然而然将生存的依托转向畜牧业，并在越来越多依靠畜牧业的同时，不断积累动物驯养经验，从牛、羊的畜养到马的驯化，进而使驯养牲畜变得更加成熟、独立。朱开沟文化由农向牧的阶段性变化是在气候变迁宏观因素的诱发下形成的，这一诱发因素所及地区虽然范围很广，但反应最敏感地带当数农牧交错带。长期以来，内蒙古考古学者针对这一地区的发掘与研究，对于环境变迁研究做出重要贡献。气候变化让畜牧业逐渐成为内蒙古中部的主流生产方式，与此同时代表北方草原民族游牧文化的鄂尔多斯青铜器也出现在遗址中。从19世纪末叶开始，朱开沟以及伊克昭盟杭锦旗桃红巴拉等地，陆续出土了大量以动物纹装饰为特征的青铜及金、银制品，其中青铜器包括兵器、生产工具和生活用具。鄂尔多斯青铜器代表的时代以及自身的造型，都引起学术界的关注与思考，这些器物不仅代表着我国北方草原民族游牧文化，而且与欧亚草原民族文化有着十分密切的关联。鄂尔多斯青铜器多元的文化内涵，将人们的视线引入一个更大的历史舞台，唤起更多的思考，透过这些器物人们仿佛看到数千年前农牧交错带最壮观的一幕。农牧交错带的地理环境，成为聚合农牧两种生产方式、融合两种文化的舞台，文化交融也伴随武力争雄，战国长城、秦长城、汉长城……砖石与夯土之间记录着那段历史中的人与事，农牧交错带的历史，或农或牧，交替落脚在这块土地上。从清朝康熙初始开始，近300年来，当晋陕农民渡黄河、走西口，路过或居住在鄂尔多斯，农业逐渐成为这里的主旋律。今天坐落在这里的处处村庄，片片耕地，几乎都是几百年间口内农民经营的结果，由他们创造的文化，也依然存在于当地的生活中，令人赞叹不已的是各族人民群众在长期交往交流交融中形成了脍炙人口的"漫瀚调"，如今还风靡在黄河两岸各族老少人群之中。由此可见，鄂尔多斯历来是我国古代多民族生息繁衍、共生共有的家园，是多元文化交相辉映、互鉴共融的大舞台。

从鄂尔多斯历史演进过程中各民族融合文化的特点分析，各民族虽然也存在过冲突和矛盾，但交往交流交融始终是历史发展的主流，同根同源的文化自觉，增进了各民族对多元一体的中华民族的认同，成为推动中华民族共同体不断发展的精神基因。和合共生的伦理取向孕育于中华民族源远流长的历史与文化，正是在和合共生的伦理取向影响下，和谐与团结一直是民族交往的主流，"昭君出塞""文姬归汉""胡汉和亲"以和合共生的伦理取向化解矛盾、消弭分歧，激发出了中华民族共同体绵延不绝的内生动力，巩固了中华民族的团结统一，各民族在中华民族大家庭中和睦相处、和衷共济、和谐发展。安民利民始终是贯穿中华民族历史发展的价值归宿，民为邦本始终是中华民族高扬的价值取向。中华儿女历来心怀国家、心系民族，尤其是在抵御外敌之时，强大的爱国主义精神迸发出不竭的力量，激励着中华儿女奋勇向前。以爱国主义为核心的民族精神，是中华民族团结奋斗、自强不息的精神纽带，它把不同民族、不同地域的中华儿女紧紧联系在一起，构筑起团结一致、众志成城的钢铁长城，使得中华民族不管是在民族危亡的紧急关头，还是在复杂多变的国际局势下，都能屹立不倒、繁荣昌盛。从秦始皇统一六国，开启了中国统一的多民族国家发展的历程。此后，无论哪个民族入主中原，都以统一天下为己任，都以中华文化的正统自居。正是这种追求团结统一的内生动力，使得统一、融合、团结，始终成为历史发展的大趋势，推动着中华民族共同体不断发展壮大。综上可见，同根同源的融合文化、和合共生的伦理取向、安民利民的价值归宿、匹夫有责的家国情怀和天下一统的政治理念等，为今日鄂尔多斯融合文化的形成和发展提供了深厚的文化根脉与思想根基。

中华人民共和国成立后，在党的民族区域自治政策的光辉照耀下，鄂尔多斯各族人民群众在长期交往中形成的"你中有我、我中有你、你离不开我、我离不开你"的多元一体格局不断得到增强。深厚的爱国主义光荣传统激发出对自己家园的归属感、认同感和荣誉感，在社会主义、集体主义思想鼓舞下，各族人民群众发扬自力更生、艰苦创业的精神，为改变家乡面貌、建设美好幸福家园手挽手、肩并肩，同甘共苦、休戚与共、命运与共、奋斗与共。经济上相互依存、情感上相互亲近、文化上兼收并蓄，在长期交流交往交融的历史中形成了巨大的共同性，凝结成紧密的新型人们共同体。改革开放后，特别是党的十八大以来，各族人民群众基于共同历史记忆基础上的中华文化认同，对伟大祖国、中华民族、中华优秀文化、中国共产党、中国特色社会主义的认同不断得到强化，爱国、爱党、爱社会主义高度统一，中华民族日益成为包容性更大、凝聚力更强的命运共同体。

鄂尔多斯学在梳理历史脉络过程中，处处可见各民族在几千年的演变进程中形成了中华民族多元一体格局。各民族在漫长的历史长河中不断交流交往交融，客观上凝聚为一个自在的中华民族，尤其是近代以来中华民族在与外国列强的抗争中实现了自觉。政治上的长期的"大一统"或者在几个政权并列时期对政治上"大一统"的追求，形成了中国"大一统"的文明传统。古代我国"天下观"下的中华民族观和近代我国民族主义的中华民族观无疑也是鄂尔多斯民族历史发展的主旋律。中国共产党把马克思主义的民族理论与我国多民族国情相结合，探索形成了解决民族问题的新理论和新道路。构建新的中华民族观，铸牢中华民族共同体意识，是中国共产党在新时代对马克思主义民族观的重大理论创新。正是在如此特定的人文环境下，鄂尔多斯学从里到外到处都流淌着民族融合文化的美妙韵律。古代，这里以民族经济交往的大通道、民族文化交流的大舞台、各民族融合的大平台而美；如今，这里以"几"字弯新旧能源转换先行区、我国西部各民族共同富裕新路子、内蒙古经济发展排头兵、铸牢中华民族共同体意识示范市而美。

鄂尔多斯学正是在这样独具特色的历史文化长河滋润中，吸吮着习近平新时代中国特色社会主义的鲜美乳汁，在党的阳光雨露哺育下，茁壮成长起的一朵生机勃勃的"马兰花"。

五、鄂尔多斯学因文化而强

北京大学社会学系教授渠敬东说过："任何一项社会科学的研究，都免不了会受两个基本问题的'诱惑'：一是求'真'，就是探寻生活中真实的社会存在；二是求'全'，生活的真实若不能说明社会全体的脉络和逻辑，自然就难说是'社会'科学的。当然，所有的困惑也都从此诱惑中来，因为绝对的'真'是求不到的，'全'也一样。人们常常连自己的'我'都认识不清，何况对一个所谓全体的'社会实在'呢？所以，社会科学家们只能在接近于'真'和'全'上面做文章。一个社会总要有'真相'，并且这个'真相'一定是对整个社会而言的，否则每个人自说自话，学问便不存在了。"[1]

鄂尔多斯学研究会的诸位研究人员怀着弘扬鄂尔多斯历史文化、说清楚鄂尔多斯发展路径、探索鄂尔多斯未来走向的心愿，文献库里海底捞针、田园牧歌走村串户、工厂煤矿井上井下、座谈会上争鸣交锋，坚持在探索中守正出新、不断超越自己，在交流中博采众长、不断完善自我，好像从未计较过他人喋喋不休地纠缠文字符号里的这是"学问"还是"学科"还是"学术"之类的无谓的讨论。

鄂尔多斯学生机勃勃存活这些年的实践告诉人们，地方学不仅因时代而立，因作为而兴，还因文化而强，这是地方学发展的生命逻辑。这正如习近平总书记所说的，文化自信是更基础、更广泛、更深厚的自信，是更

1　渠敬东：《迈向社会全体的个案研究》，《社会》2019 年第 1 期。

基本、更深沉、更持久的力量。鄂尔多斯学既是历史的，也是当代的，不仅是民族的，也是地区的，更是世界的，只有扎根脚下这块生于斯、长于斯的土地，鄂尔多斯学才能接住地气、增加底气、灌注生气，在创新中站稳脚跟、枝繁叶茂，走得更远、更高。

鄂尔多斯是中国北方民族长期生息繁衍的地方，又是游牧文化与农耕文化相互交往交流交融的要地。7 万年前，萨拉乌苏人使用旧石器留下了不朽的"河套文化"；战国时期，秦昭襄王在鄂尔多斯东部（今准格尔旗）修建了一条南北走向的长城；秦统一后修筑的南起云阳县甘泉山（今陕西省淳化县），北达九原郡（今包头市），全程 1800 里的"秦直道"，纵贯鄂尔多斯南北，著名史学家司马迁曾沿着秦直道遍游鄂尔多斯，《史记》有翔实记载：匈奴冒顿单于在秦汉时期曾建立国家管辖过鄂尔多斯地区，并在杭锦旗阿门其日格阿鲁柴登埋下了惊世奇宝匈奴"金冠"；公元前 33 年（西汉竟宁元年），宫女王嫱（王昭君）嫁与呼韩邪单于，出塞后途经鄂尔多斯草原，汉元帝号昭君为"宁胡阏氏"，"胡汉和亲"成为千古佳话，今达拉特旗昭君镇的百姓仍年年祭拜黄河边上的昭君坟冢；魏晋南北朝时，鄂尔多斯地区生存的各民族与中原地区的联系日益密切，公元 407 年匈奴人赫连勃勃建立了"十六国"之一的大夏国，建都统万城，在今乌审旗巴图湾无定河对岸；隋大业三年（607 年），隋炀帝北巡古榆林（今准格尔旗十二连城），同突厥首领启民可汗及所属各族各部酋长 3.5 万人举行盛大宴会同庆各族友好交往。后人将此次古榆林大会称为古代民族团结的盛会；公元 1205 年（南宋宁宗开禧元年）至公元 1227 年（南宋理宗宝庆三年），一代天骄成吉思汗曾 5 次途经鄂尔多斯，他盛赞过这里茂密的森林和美丽的草原，叹其为：花角金鹿栖息之所，戴胜鸟儿孵化之乡，衰落王朝振兴之地，白发老翁享乐之邦。并留有"我死后可葬之地"的夙愿。1227 年后，鄂尔多斯部就按照传统的祭奠日期和规模程序将祭祀成吉思汗的活动一代一代流传下来，而今，鄂尔多斯成为蒙古族传统礼仪保存最完整的一个地方；蒙古族曾有过辉煌历史，中外专家共识研究蒙古史有三部史书必读，其中两部就由鄂尔多斯人撰写：一部是萨冈彻辰在 1662 年完成的《蒙古源流》，另一部是罗卜藏丹津（1649—1736）完成的《黄金史》（《蒙古黄金史》）；16世纪末，藏传佛教（即喇嘛教）在蒙古族地区广泛传播，1613年（明万历四十一年），鄂尔多斯部吉农博硕克图亲自主持建成了鄂尔多斯地区第一座喇嘛庙——王爱召；清代后期，移民垦殖使鄂尔多斯地区再次出现各民族交融的局面；鄂尔多斯悠久的历史，独特的区位，孕育了韵味奇特、古朴典雅的民族文化，民间广泛流传的蒙汉调（蒙曲汉词）和蒙古族"古如歌"共同构成鄂尔多斯歌舞的海洋……

从远古一路走来，人们不难看到，在鄂尔多斯多民族共生共存的历史上，生活最长久和最稳定的是蒙古族，鄂尔多斯蒙古人由于承担着守护成吉思汗"八白宫"和祭祀成吉思汗的神圣历史使命，成为成吉思汗祭祀文化的最主要载体，也最忠实地继承了以成吉思汗文化为核心的精神文化，其内涵集中表现在"恪守信仰、敬天爱地、开放包容、坚韧不拔、团结一心"等方面。

新中国成立后，特别是改革开放以来，鄂尔多斯这片古老的土地发生了翻天覆地的巨变，穷则思变优势、能源资源优势、民族团结优势、拼搏奋斗优势得到极致发挥，经济实现了跨越式发展，民族团结故事传遍四面八方，文化交融开出绚烂之花，互助和谐结出文明城市之果，新理念下毛乌素、库布齐沙漠变绿。鄂尔多斯人之所以在如此短的时间内取得如此骄人的成就，天时地利固然非常重要，但从根本上来说，真正推动绿富同兴局面的内在动力应当是鄂尔多斯人的文化精神，应当说是这种文化精神的凝聚功能、传承功能、激励功能和创造功能得到极大释放的一种巨大表现。

习近平总书记《在纪念马克思诞辰二百周年大会上的讲话》中指出："马克思认为，在不同的经济和社会环境中，人们生产不同的思想和文化，思想文化建设虽然决定于经济基础，但又对经济基础发生反作用。先进的思想文化一旦被群众掌握，就会转化为强大的物质力量；反之，落后的、错误的观念如果不破除，就会成为社会发展进步的桎梏。理论自觉、文化自信，是一个民族进步的力量；价值先进、思想解放，是一个社会活力的来源。国家之魂，文以化之，文以铸之。我们要立足中国，面向现代化、面向世界、面向未来，巩固马克思主义在意识形态领域的指导地位，发展社会主义先进文化，加强社会主义精神文明建设，把社会主义核心价值观融入社会发展各方面，推动中华优秀传统文化创造性转化、创新性发展，不断提高人民思想觉悟、道德水平、文明素养，不断铸就中华文化新辉煌。"[1]

　　综上，从鄂尔多斯学创立、中兴到强盛，从鄂尔多斯由贫穷进入绿富同兴，可以得出如下结论：地方学因时代而立，因作为而兴，因交流而跃，因个性而美，因文化而强；地方学强势则助力地方发展，地方学混乱则制约地方发展，地方学缺位则地方发展迟缓。反之，地方快速发展时急需地方学提供理论支撑，地方发展迟滞时疏忽地方学的作用，地方发展停顿时地方学就会销声匿迹。

---

1 《习近平关于"不忘初心、牢记使命"重要论述选编》，北京：中央文献出版社、党建读物出版社，2019 年，第 346—347 页。

第三章　鄂尔多斯学的研究对象

鄂尔多斯学应该研究什么，不应该研究什么？这是鄂尔多斯学作为一门学问必须回答的首要问题。鄂尔多斯学应该系统规范研究好什么问题，什么问题不需要系统规范研究？这是鄂尔多斯学作为一门学问必须回答的第二个问题。以上所述这两个基本问题，实质上就是鄂尔多斯学的研究对象究竟是什么的问题。我们从三个方面围绕鄂尔多斯学的研究对象给予回答。

一、鄂尔多斯学研究者的观点

鄂尔多斯学的创立者奇·朝鲁先生曾于 2009 年在《鄂尔多斯学与地方学（代序）》中说："鄂尔多斯学是以地区历史、文化、经济、民族、生态环境及其互促联动发展规律为研究对象，是研究'鄂尔多斯现象'产生、发展及其规律性的科学。具有强烈的为区域发展服务的意识，其出发点和归宿就是面对鄂尔多斯历史与现实去探索规律。如人与自然和谐相处、各民族共同团结奋斗共同繁荣的发展规律，地区经济、政治、文化、社会'四位一体'和谐发展规律等，以人为本，为人的全面发展服务。"在《浅论鄂尔多斯学及其研究会》一文中，奇·朝鲁先生提出，鄂尔多斯学，就是以鄂尔多斯地方为研究对象的一门学问。在研究对象的界定上具有地方学的基本属性。在研究内容上，主要以鄂尔多斯从历史到现实的那些具有自身特色、自成体系、有自身发展规律的社会文化现象、经济现象、生态现象为研究内容。对此进行综合性研究，突出其地域特色，从知识上系统归纳，从认识上加以升华，从规律上深入探讨，从理论上概括提高，使之成为鄂尔多斯最具价值的精神财富和科学知识。早在 2014 年《浅论鄂尔多斯学及其研究会》一文中，奇·朝鲁先生就提出，研究对象是界定一门学问或学科的重要依据，也是一门学科赖以建立的主体和核心。说地方学是以特定地方为研究对象的学科，就是说其全部研究内容和体系都是围绕这个对象构筑并展开的。一个地方构成"学"要具备"四有"，即有自身特征的研究对象，有自成体系的研究内容，有其自身发展脉络和规律，有相应的理论知识和研究方法等，可称为地方学的四要素。[1] 从上述说法中可见，鄂尔多斯学的研究对象是有关鄂尔多斯地区各种社会现象及其内在规律。之所以研究这些内在规律，目的旨在升华鄂尔多斯地区最具价值的精神财富和科学知识为人的全面发展和地区有序发展服务。

郝诚之先生在《以战略眼光看鄂尔多斯学研究》一文中提出，鄂尔多斯学研究必须确立有时代感的战略重点。一是交叉纵横，"五跨"研究。把单一研究变为跨学科、跨民族、跨地域、跨文化，甚至跨国的综合研究。二是居高临下，战略整合。要站在内蒙古看鄂尔多斯，也要站在中国看鄂尔多斯，从喜马拉雅山顶上看问题更好。看鄂尔多斯的历史贡献，看他的爱国情结，看他的变革勇气，看他的厚积薄发，看他的多元互补，研究鄂尔多斯如何从"资源富集带"转变为"经济隆起带"，为"黄河金腰带"上的鄂尔多斯早日成为西部大开发的示范区做理论准备。三是转化成果，服务决策。要总结规律，找到与时俱进、持续发展的增长点和制高点、竞争力和震慑力。四是盯住前沿，打造亮点。1. 要把鄂尔多斯的发展放在区域经济和"西部重点经济区"的盘子里来研究，打出个性、打出特殊重要性来。2. 大旅游的发展要靠大交通、大历史、大文化。要大兴调查研究之风，鄂尔多斯学研究会应在大研究、研究"大"上发挥特殊的中坚作用。3. 鄂尔多斯学的另一个特点是"多样、多元、多彩"。[2]

陈育宁先生在《鄂尔多斯模式与鄂尔多斯学》一文中提出，作为一门

1　奇·朝鲁：《鄂尔多斯学与地方学（代序）》，陈育宁：《我与鄂尔多斯学》，银川：宁夏人民出版社，2009 年，第 6—7 页；《鄂尔多斯学研究专刊》2014 年。

2　郝诚之：《以战略眼光看鄂尔多斯学研究》，《鄂尔多斯学研究》2004 年第 4 期。

地方学，鄂尔多斯学就是以鄂尔多斯为研究对象，主要以那些具有自身特色、自成体系、有自身发展规律的社会文化现象、经济现象为研究重点，也就是把具有地域和民族的特殊性，甚至唯一性的经济社会文化现象加以理性概括，成为一门有专门知识和理论的学问，构成"学"。[1]

杨勇先生在《鄂尔多斯学的构建与研究特征》一文中提出，鄂尔多斯学就是研究鄂尔多斯地方的一门学问，这个地方的学问包括了这个地方自然与人文的各个方面。鄂尔多斯学研究的内容，选取有鄂尔多斯特色的六个方面，第一个方面是历史文化，第二个方面是地方文化，第三个方面是祭祀文化，第四个方面是地方经济的发展，第五个方面是生态文明的发展，第六个方面是关于鄂尔多斯精神的研究。[2]

潘照东先生在《关于鄂尔多斯学的若干思考》一文中提出，第一，鄂尔多斯学属于地方学的范畴，其研究范围以鄂尔多斯地区为研究对象，以现在鄂尔多斯市行政辖区为主体，涉及相邻的内蒙古中西部、宁夏北部、陕西北部、山西西北部有关地区。第二，鄂尔多斯学的研究内容包括鄂尔多斯地区的自然地理状况及其生态环境的变迁，人类文明的形成及其演变，生产方式、生活方式的特点及其演变，地区、民族文化、艺术的特点及其演变，政权更替、行政区划及其变迁，军事组织、战争及其历史影响，宗教活动及其演变，重要人物及其事迹，现代化建设及其发展，考古与文献，国内外研究动态及其比较。第三，鄂尔多斯学历史文化、民族文化方面的研究重点，是蒙古族鄂尔多斯部的历史、文化，以成吉思汗祭祀为代表的蒙古族祭祀文化。第四，鄂尔多斯学现实问题研究的重点，是鄂尔多斯模式及其创新、发展。[3]

姚鸿起先生在《关于鄂尔多斯学对象、特点和方法的思考》一文中提出，鄂尔多斯学是研究"鄂尔多斯现象"产生、发展及其规律的科学。"鄂尔多斯现象"就是鄂尔多斯人通过各种活动（主要是生产活动、政治活动、科学试验活动）对鄂尔多斯自然环境、地理环境、社会环境（人文环

1　陈育宁：《鄂尔多斯模式与鄂尔多斯学》，《鄂尔多斯学研究》2007年第4期。

2　杨勇：《鄂尔多斯学的构建与研究特征》，《鄂尔多斯学研究》2009年第1期。

3　潘照东：《关于鄂尔多斯学的若干思考》，《鄂尔多斯学研究》2014年第3期。

境）等认识与改造的结果。"鄂尔多斯现象"的产生、发展，经过史前时代、原始时代、青铜器时代、铁器时代到近现代，虽然发生了很大变化，但各种现象之间还是体现着一定的内在联系，遵循着一定的客观规律。这些内在联系或客观规律主要是：人与自然和谐相处、和谐发展的规律；民族和睦团结，社会稳定发展的规律；经济、政治、文化、社会、生态协调运行的规律等。[1]

　　阿云嘎先生在《试论鄂尔多斯学研究中对几个关系的把握》一文中提出，鄂尔多斯学研究的最后落脚点应该是研究鄂尔多斯人独特的行为模式和思维模式。要深化鄂尔多斯学研究，首先必须确定若干个研究重点题目，大家集中力量去突破它。而这些重点题目应该具备以下两个特点：首先必须是关系到研究全局的问题，这些问题一旦被突破，其他好多问题都能够迎刃而解；其次最好是热点问题，比如有些问题一直没有定论，虽经长时间的争论但至今没有结果，要是这种问题一旦被突破，就能够大大促进鄂尔多斯学研究的深化。[2]

　　奇忠义先生在《建立鄂尔多斯学的历史背景和意义》一文中提出，"鄂尔多斯学"的研究是新时期鄂尔多斯文化发展的必然，"鄂尔多斯学"的研究同样要以地域性、多学科、综合性为特征，深入地进行，创造性地多出精品。[3]

二、学者关于地方学研究对象的观点

　　四川大学城市研究所所长何一民教授在《城市地方学研究的三大视野和三个层面》一文中提出，成都学就是以成都为研究对象的一门交叉学科，是研究成都城市兴起、发展、演变的过程、特点和规律的一门交叉学科。从成都特殊的城市地位和学科的性质特点以及研究方法上看，成都学研究

1　姚鸿起：《关于鄂尔多斯学对象、特点和方法的思考》，《鄂尔多斯学研究》2004 年第 4 期。

2　阿云嘎：《试论鄂尔多斯学研究中对几个关系的把握》，《鄂尔多斯学研究》2002 年第 1 期。

3　奇忠义：《建立鄂尔多斯学的历史背景和意义》，《鄂尔多斯学研究》2002 年第 1 期。

和学科构建，应具备三大视野和重视三个层面的工作。三大视野包括成都学研究的历史视野、全球视野和战略视野。何先生所说的历史视野，并非将成都学研究等同于成都历史研究，而是认为从事成都学研究的学者，在研究与成都学相关的各种问题时，应该具备历史的眼光，应该站在与未来的交汇点进行思考与研究。何先生所说的全球视野首先在于研究者视野的国际化，成都学研究的"国际化"则是用全球的眼光来看待成都历史的发展和当今所面临的机遇与挑战，分析其发展对于世界的意义。成都学虽然是以研究成都为主，但成都的发展与崛起并非孤立的，而是中国乃至世界多元经济、文化交汇的结果。党的十八大以来，习近平总书记多次强调"发展科学技术必须具有全球视野、把握时代脉搏"，成都学研究也应当放眼世界。何先生所谓战略的视野，就要有全局意识、长远的眼光。作为城市研究的成都学，不仅是一个学科的建设，也是一个系统工程。它的构建不仅需要长时间的积累，而且需要多学科研究者共同努力和配合，构建成都学这一远大目标，就要求研究者有着战略的视野。同时，成都学研究者在对相关课题进行研究时，也要具备战略意识和长远的眼光。何先生认为，成都学的学科性质决定了成都学研究既是基础理论研究，也是应用研究，此外还应该高度重视普及工作。因而成都学研究和建设要注意三个层面的工作，一是基础研究，二是应用研究，三是普及研究推广。[1]

北京联合大学北京学研究所张佐友教授在《关于北京学研究对象的思考》一文中提出，建立一门新的学科，首要的问题是确立研究对象。有自己特有的研究对象，才能取得作为一门学科的资格，才能与其他学科区分开来。对研究对象的科学表述，不能太急，需要一个长期探索过程。对于北京学而言，至少需要准确认识这样八个关系。城与人的关系，保护与利用的关系，个性与共性的关系，过去、现在和未来的关系，现象、规律和力的关系，政治、经济、文化的关系，生产力、文化与社会发展的关系，部分与整体的关系。应该把北京这个大都市视为一个系统，把北京学对北

---

1 何一民：《城市地方学研究的三大视野和三个层面——以成都学研究为例》，《成都大学学报（社会科学版）》2017 年第 1 期。

京的研究作为一个系统工程。北京这个系统是由北京人、北京经济、政治、文化、教育、交通、基础设施、园林等要素或子系统按照一定结合方式有机结合起来的。这些要素都有专门的学科研究它们。北京学也研究它们，但不是研究它们的全部，而仅仅研究建立合理的系统结构对这些要素有什么要求，各要素怎样满足这个要求。北京学侧重于研究这个系统的结构，研究各要素怎样在质态上、量态上、时间上、空间上有机结合起来，以获得大于各要素的特殊功能简单相加之和的整体功能，即"1+1>2"的功能。因此，北京学的研究，不是全面研究各个要素，即不是着重研究构成系统的各个部分，而是着重研究系统的结构。因此，北京学的研究具有综合性和整体性的特点。这样，北京学就与其他学科区分开了。北京这个系统，毫不例外，它也是在一定的环境中运行。这些环境包括自然环境、人文环境、国内环境、国际环境。北京学要研究北京这个系统与环境的交互作用，以提出优化环境的建议。对北京这个系统要进行静态考察，提出当前改善要素，优化结构以提高整体功能的对策，对北京这个系统还要进行动态考察，以揭示出北京发展的规律性的东西，为策划北京的未来，保证北京的可持续发展提供依据。[1]

张新斌在《中原学是理论自信的体现》一文中提出，中原学属于地方学的研究范畴，其所涉及的问题非常广泛，最重要的问题涉及以下若干层面：一是中原学的基础理论研究。包括中原学的概念、特点、研究对象与方法等。二是中原学的基本问题研究。如中原地区的文明演进规律研究等。三是中原学的历史问题研究。如中原地区民族融合与中华民族的形成等。四是中原学的文化精神研究。中原地区的元典文化及其贡献等。五是中原学的现实问题研究。[2]

河南牧业经济学院教授宋朝丽和郑州大学新闻与传播学院教授汪振军在《构建中原学基本理论体系探析》一文中提出，"中原学"主要研究中原地区综合活动，研究对象涉及历史、地理、民俗、管理等多个领域，每

1　张佐友：《关于北京学研究对象的思考》，《北京联合大学学报》2003 年 3 月第 17 卷第 1 期。

2　张新斌：《中原学是理论自信的体现》，《河南日报》2018 年 11 月 8 日。

个领域都有独立的研究范式，如历史学者从史学研究范式研究中原文明的生成，管理学者从管理科学范式研究中原地区的管理制度演变，不可能形成统一的研究范式。从这个意义上讲，中原学是一门"软"科学，研究范式具有多样性。从应用程度来看，中原学是在社会发展中产生的，是通过系统的研究，为中原地区在政治、经济、社会和文化发展中面临的问题提供实际解决方案，不仅要关注"是什么"，更要关注"怎么做"，因此它是一门应用性很强的学科。"中原学"研究中原地区各要素组成的区域综合体的生成、演变和发展，分析其生成基础、发展特点和演变规律，为中原地区的战略发展提供应用理论基础和实证研究成果。"中原学"的研究内容包括中原地区的人口、资源、政治、文化、经济、社会以及区域综合体的发展基础、生成规律和特点。在此基础上，对"中原学"的研究，可以沿三条主轴线展开：一是以时间为轴线展开纵向研究；二是以空间为轴线展开横向研究；三是以问题为轴线展开立体研究。[1]

陈桂炳在《加强泉州学研究刍议》一文中提出，泉州学发端于 20 世纪 20 年代，泉州学的研究对象是泉州的历史文化。能否准确地认识泉州的历史文化价值和地位，对于泉州学的构建和今后的可持续发展是至关重要的。泉州学的研究范围包括大传统文化和小传统文化。[2] 在《泉州学研究的经典之作》一文中，陈桂炳提出：台湾"中研院"院士李亦园教授 1999 年 10 月在"海峡两岸泉州学研讨会"演讲中开篇的第一个问题，就是开门见山地回答了"泉州学能成立吗？"这个亟待明确的问题。李教授说，10 年前我第一次返回家乡时，在一次学术座谈会中就有人问我："研究泉州可以成为泉州学吗？"我当时的回答是肯定的，今天我对这个问题的回答也还是肯定的。一般方志的撰写大多属于编纂、记述、刊录、登载，而较少进入"研究"的范畴。而"泉州学"之有别于"泉州志"的地方，就在于"泉州学"的基本立场是在从事研究的，像一门学科一样是以研究为最终目的。所谓"研究"，不仅在最高的层次上要有理论的指导，要有假设、

1 宋朝丽、汪振军：《构建中原学基本理论体系探析》，《河南社会科学》2019 年 12 月 23 日。
2 陈桂炳：《加强泉州学研究刍议》，《泉州师范学院学报》2014 年 10 月第 35 卷第 5 期。

求证的过程，要讲究信度、效度等等，而且在实践的历程上要有宽广的视野，要有客观而价值中立的态度，要有摆脱固有框架而不受束缚能有创意的想法，更要有对当代文化学的基本修养，借以搜集适宜的文化资料以阐释文化意义，因为无论如何，"泉州学"的基本精神即在辨明泉州文化是特色。[1]

北京学研究会会长张宝秀教授在《地方学的设立标准和学科内涵》一文中提出，美国文化地理学家段义孚认为，空间被赋予文化意义的过程就是空间变为地方的过程。地方学的宗旨，就是要研究某一空间变为某一地方的过程，深入挖掘其地方性及这种地方性形成的过程、发展规律、地域特点和动力机制等，在彰显地域文化特色的基础上对地方的"未来"作出判断，从而为地方的文化、社会、经济、政治、生态发展等提供理论支持。学科是学术的分类。地方学是一个跨自然科学和人文社会科学的综合性学科，是一门新兴的多学科交叉学科，其发展还不够成熟，在教育部颁布的学科专业目录中还没有独立设置的"地方学"，我们讨论其学科属性、内涵外延、研究对象、研究内容等，不断完善学科建设，是必要的。但质疑其存在的合理性，并无实际意义。笔者认为，各地地方学的建立，不必设定严格的标准，不必等待学科的完全成熟，只要当地有一定地域文化研究的基础和成果、有一定数量的研究人员，有研究的需要，就可以开展地方学研究，在条件具备时可成立地方学研究机构。从内涵上看，现代地方学是研究地方的综合性学科，把某个具有典型性、代表性的区域甚至国家作为专门的研究对象，将其作为人文、自然要素共同构成的地域综合体进行综合性研究。与其他研究地方的单一学科相比，地方学研究的要素，都有着地方性、综合性、历史性和地域文化的视角。从外延上看，具体研究对象理论上包括该地区的自然、历史、文化、社会等。但地方学不同于地方志，不仅对地方情况进行记述，更重要的是将其作为一个有机综合体进行研究，研究某一地域各种组成要素的地方性特色、发生发展过程及其相互关

---

[1]　陈桂炳：《泉州学研究的经典之作——读李亦园教授〈"泉州学"的新视野〉》，《泉州师范学院学报》2012 年 1 月第 30 卷第 1 期。

系，探究其发生发展的规律，并预测未来发展趋势。实际上，目前各地的地方学研究领域大多侧重研究历史文化，有的只重点研究其中的某一方面。[1]

陈海忠在《地方学兴起的历史背景》一文中提出，文化多样性是世界文化发展的基础，在经济全球化背景下更要重视文化的多样性与差异性。当人们越来越深入地了解到"他者"的文化后，更容易发现具有悠久传统的本土文化的可贵。因此，地方学兴起可视为经济全球化背景下的一种文化现象。而且我们看到，一些地方学在此背景下实现了跨界发展。例如客家学、潮学研究兴起之初，学者们都强调以客家人、潮州人的活动为中心，跳出民族国家的框架，以跨国、跨区域的视野研究特定人群的海外拓展及其与本土社会的互动等。[2]

仝建平在《地方学研究有三忌》一文中提出，地方学以某一地域为研究空间，多数以政区命名，如晋学、鄂尔多斯学、潮学；有的以城市及辖区命名，如北京学、长安学、洛阳学；有的以名胜古迹及周边地区命名，如泰山学；有的以地理区域命名，如岭南学。其中的敦煌学、徽学本以研究文书得名，但随着研究的深入与扩展，已经升级为综合研究当地文化历史的学问。地方学主要指区域古代的文化历史，也可以扩展至区域现当代的文化发展与经济社会的关系探讨。但地方学的研究内容也不应该无所不包，研究区域的古代应包括方方面面，而研究现当代应侧重精神、观念层面。[3]

林健在《玉门学作为地方学的研究意义初探》一文中提出，并非每个行政区域都需要建立自己的地方学。特定地理单元之所以能够孕育富有研究意义的地方学，必然要求其具备其他地方难以企及的独有价值，即特殊性。这种价值通常需要依托于地域特征明显的物质实体或抽象事物，例如敦煌学依托的洞窟文物。唯有特色鲜明的元素才能使得地理单元具有独立

1 张宝秀：《地方学的设立标准和学科内涵》，中国社会科学网《地方学研究：问题与对策》2014年12月25日。

2 陈海忠：《地方学兴起的历史背景》，中国社会科学网《地方学研究：问题与对策》2014年12月25日。

3 仝建平：《地方学研究有三忌》，中国社会科学网《地方学研究：问题与对策》2014年12月25日。

构建地方学的必要性。玉门学的价值依托物主要包括承载历史意象的玉门关与聚合现代符号的玉门油田，二者作为纽带联结了玉门时空范围内的大量特色元素。地方学不是一个地理单元内部所有学科的简单整合，而要求跨学科的研究对象之间存在必然联系，从而能够使用一致的研究方法构建独特而系统的研究体系。客观上，这就要求研究对象具有多样性与交互性。地理单元的规模大小和历史长短决定其潜在研究对象的多样性，但规模与历史的跨度却有可能削弱研究对象的交互性，从而降低建立综合性地方学的可行性。就玉门而言，其恰到好处的规模与历史特征造就了性质优良的研究对象，进而为提出具有共通性的研究方法打下了基础。[1]

王熙梅在《从对象学看上海学》一文中提出，"上海学"，顾名思义它的研究对象是上海，但是并非凡是研究上海各种问题都是"上海学"。上海和其他事物一样，是由多层次、多侧面构成的完整统一体，而这个统一体又有其产生、发展的历史。因此，人们可以从不同层次、侧面、历史阶段来研究上海，如可以研究上海的政治、经济、科技、文化、民俗等，可以研究上海的历史。但这些分门别类的研究，还不是"上海学"，即使把这些分门别类的研究加起来也不是"上海学"，因为总体不等于各局部机械相加之和。"上海学"是从整体上来研究上海的一门学科，这类似社会学从整体上研究社会。虽然分门别类研究上海不是"上海学"，但从不同层次、侧面、阶段研究上海，对"上海学"的发展是有重大推进作用的。"上海学"不仅不排斥对上海的分门别类的研究，而且需要这种研究，正如哲学的发展需要各门学科的发展一样。同样，对上海的分门别类的研究，也需要"上海学"，因为缺乏总体观念是不容易认识、把握局部的。"上海学"尚处在草创时期，还不可能有自己的范畴体系，随着研究的深入和发展，随着认识的深化，"上海学"一定会逐步形成自己的范畴体系。"上海学"是从整体上来研究上海，是一门理论性与实践性高度结合的学科。开展"上海学"的研究，有助于提高整体研究的自觉性，有利于寻求上海发展过程

1　林健：《玉门学作为地方学的研究意义初探》，《新西部》2015 年第 18 期。

中带有规律性的问题。[1]

《上海学》主编周武认为,在我们当今的学界,上海学通常被当作是一门方兴未艾的显学,一门内涵与外延极其浩瀚深广的学问。因为它方兴未艾,所以可以开拓的研究空间是非常大的;因为它浩瀚深广,所以不是任何一个机构或者个人所能够穷尽的。[2]

刘开美在《关于地方学构建中的几个理论问题》一文中提出,地方学是一门以特定地域为特征的、以历史文化研究为主线的、应用性的、诸多学科交叉的文化学科。一句话,地方学就是地域文化学。按照这种理解界定地方学的基本内涵,表明构建地方学就是要立足特定地域,挖掘历史文化资源,运用多学科理论综合交叉研究的系统成果,为发展文化产业尤其是旅游文化产业服务。要把握地方学的研究外延,就要明确地方学研究所应包括的范围,所应完成的任务和所应达到的目的。以长江三峡学的研究为例,作为历史文化类的学科,其研究大体上都会经历资料挖掘整理研究,对历史文化资料进行解读鉴赏研究,以历史文化资料为素材进行多学科拓展研究,开展历史文化资源的开发利用研究,以及对历史文化研究史的研究等过程。这一研究历程,就是认识学科规律,明确基本内涵,把握研究外延,形成研究思路,构成理论体系的过程。因此,地方学就其研究外延而言,应该包括地域文化挖掘整理研究,地域文化评价鉴赏研究,地域文化学科拓展研究,地域文化开放展示研究,地域文化研究史研究等五个主要方面,从而构成地方学研究的基本外延。[3]

李强在《关于创立温州学的思考》一文中提出,什么是温州学,温州学研究的主要对象是什么,这是创立温州学一个不可回避的基本问题。温州学创立之初,虽然难以对其下一个准确的定义,也不宜急于对其研究对象作出明确的界定。但是,温州学作为一门学科,应该确定其内在含义的基本轮廓和研究对象的大体范围。温州学应该是一门主要研究温州文化,研究温州人和温州人精神,研究温州文化与经济互动发展,揭示温州经济

1　王熙梅:《从对象学看上海学》,《上海大学学报(社会科学版)》1986 年第 Z1 期。

2　周武:《上海学》,上海:上海人民出版社,2016 年,第 65 页。

3　刘开美:《关于地方学构建中的几个理论问题》,《道客巴巴》2015 年 11 月 28 日。

和社会发展内在规律的综合性地方学科。对温州已有的研究，为创立温州学初步奠定了基础。多年来，不少专家、学者从不同角度对温州的经济社会文化的发展进行了研究，并且在许多方面取得了成果。但是，从总体上看，现有的研究资源和学术成果还是分散的、零碎的，没有形成完整的研究体系。创立温州学，就是要整合现有的各种研究资源和学术成果，变分散的为整体的，变零碎的为系统的，使其发挥更大的作用。[1]

综上可见，各地地方学研究表现出不少共同的发展趋势，如研究对象和内容不断拓展与深化，实证研究与理论研究有机结合，微观研究与宏观研究有机结合，地方经济文化社会发展与地方学研究有机结合，本土力量研究与外埠力量有机结合，国内外研究力量有机结合，人文社科研究与自然科学研究有机结合，科学研究与人才培养有机结合等。与此同时，纵观地方学研究成果，仍然存在着知识体系碎片化、过分注重问题导向、侧重应用服务和缺乏构建学科体系等问题。

三、鄂尔多斯学的研究对象

地方学是一门以某个具体地方为视角的综合性学科，国内国外都有成功的研究案例。改革开放以来，我国地方学发展有了长足进步，它以地方"五大建设""四个全面"为时代和学科背景，以探寻地方科学发展为目标，以挖掘、揭示地方发展规律为学术宗旨，探究地方高质量发展的途径和地方与国家、世界发展的特点、进程和趋势。

习近平总书记在哲学社会科学工作座谈会上的讲话中指出："中国特色哲学社会科学应该涵盖历史、经济、政治、文化、社会、生态、军事、党建等各领域，囊括传统学科、新兴学科、前沿学科、交叉学科、冷门学科等各学科，不断推进学科体系、学术体系、话语体系建设和创新，努力

1　李强：《关于创立温州学的思考》《温州启动温州学研究》，《光明日报》2002年7月22日。

构建一个全方位、全领域、全要素的哲学社会科学体系。"[1] 中国的地方学研究可以追溯到秦汉时期，当时对《春秋》的研究就有了"齐学"和"鲁学"之分。宋元时期的湖湘学派、浙东学派，明清时期的常州学派，都是历史上有重要影响力的地方学术流派。徽学、藏学、敦煌学是近代以来中国三大地方显学。20世纪80年代以来，全国各省份大部分都提出了以本省或本区域为研究对象的新地方学，比较有名的有"北京学""上海学""广州学""关学""徽学""皖学"等。而西方地方学起源于20世纪早期人文地理学界发起的"区域主义"运动。1963年，美国学者马纳斯·查特杰明确提出了"地区学"，如今已经取得了丰硕的研究成果，如首尔学、东京学、伦敦学、罗马学等。本书综合中外地方学或地区学研究者关于研究对象、研究范围等的研究成果，形成如下认识。

任何一个学科、学问的产生都有其特定的背景和条件，一方面表现为社会实践的需要，另一方面表现为增进知识的需要。地方学正是基于上述两种需要而产生，是时代发展的产物。地方学与所有学科、学问一样，有自己独特的研究对象。所谓研究对象是对某一学科或学问研究内容、范围的高度概括。它确定学科或学问研究的内容、范围、方向等问题，确定研究对象的意义在于，它是学科或学问研究的起点。只有确立了科学的研究对象，才能建立科学的学科、学问体系。任一学科或学问都有特定的研究对象。学科或学问间的区别主要在于研究对象的区别。

现代社会中，构成一门学科或学问的基本范畴，是由该学科、学问的研究对象和基本内涵所决定的。换言之，学科、学问的基本范畴要多层面多角度反映、阐述和揭示该研究对象和学科内涵。唯有如此，这个学科或学问的基本范畴才有生命力，进而这个学科、学问才能确立。鄂尔多斯学基本范畴的选择与设定当然也必须遵循这一基本原则。

现代地方学就是在方志学基础之上，整合社会科学、人文科学和自然科学研究成果，在思维科学指导下，将分门别类的研究成果，从分散综合为整体，将零碎整合为系统，形成指导地方发展的宏观学问或学科。

1　习近平：《在哲学社会科学工作座谈会上的讲话》，《人民日报》2016年5月19日。

　　从鄂尔多斯学的研究对象来看，它有三个特点。即思想体系是"学魂"或"学脉"，知识体系是"要素"或"载体"，话语体系是"应用"或"表现"。

　　思想体系即"学魂"，或者说"学脉"，贯穿于鄂尔多斯学始终，是鄂尔多斯学赖以产生和发展的前提、基础和支撑。之所以"学脉"如此重要，是因为不同的理论产生于具体、特定的时间和空间，有其特定的历史、社会背景。鄂尔多斯学产生在 21 世纪初，是鄂尔多斯现代化建设条件下的一门新兴学问。鄂尔多斯学要致力于自然科学、人文科学与社会科学的融会贯通，致力于用符合我国国情和内蒙古区情的特色实践与文化对古今中外思想体系进行系统化、概念化的现代重建，努力建构马克思主义中国化的鄂尔多斯学思想体系。具体来说，首先要以马克思主义作为鄂尔多斯学思想体系的灵魂。只有以马克思主义为鄂尔多斯学研究的指导思想，才能保证鄂尔多斯学思想体系的正确性质。其次要以中华优秀传统文化以及鄂尔多斯融合文化作为鄂尔多斯学思想体系的主要内容，以此保证鄂尔多斯学思想体系的民族性、民间性。再次要以世界上先进的文化思想作为鄂尔多斯学思想体系的重要理论资源，从而保证鄂尔多斯学思想体系的国际性。

　　知识体系即"要素"或"载体"。鄂尔多斯学之所以能成为一门学问或学科，就因为有自己的知识体系。近现代社会实践告诉人们，任何一种文明的核心都是知识体系，知识体系的价值在于其解释客观存在的能力，特别是解决"我是谁"的问题。作为一门学问或学科，如不能建立自己的知识体系，就不可能清晰地解释自身，让世人来认识你。鄂尔多斯学的知识体系应当以鄂尔多斯的传统文化内容为基础，涵盖北方民族与中原民族交往交流交融的传统理论形态，同时立足当代鄂尔多斯发展实践，形成涵盖经济、政治、文化、社会、生态文明等多领域全方位发展的现代学科体系和知识体系，对海内外的发展理论、概念、话语要有分析研究、有鉴别欣赏，逐渐超越片面借鉴苏联和现代西方学科门类划分和知识体系架构的局面，逐渐形成不忘本来、吸收外来、面向未来的中国特色社会主义鄂尔多斯实践的知识体系与学科体系。

　　话语体系即"应用"或"表现"，习近平总书记指出，"发挥我国哲学社会科学作用，要注意加强话语体系建设。在解读中国实践、构建中国理论上，我们应该最有发言权，但实际上我国哲学社会科学在国际上的声音还比较小，还处于有理说不出、说了传不开的境地。要善于提炼标识性概念，打造易于为国际社会所理解和接受的新概念、新范畴、新表述。"[1]话语体系源于知识体系和思想体系，知识体系是话语体系的基础，话语体系是知识体系和思想体系的外在表现形式。在国内外两个循环、两个大局相互促进的发展背景下，地方发展的话语体系显得尤为重要，在全球化大趋势下提升与"他者"的沟通能力，获取他人的认同，实现合作共赢，确实需要我们付出艰辛努力，积极推进鄂尔多斯话语体系的建设是争夺鄂尔多斯融合文化乃至中国特色社会主义文化话语权的重要路径。只有以更加开放性的态度阐释传统"鄂尔多斯学"的现代内涵，同时打造有足够影响力的当代鄂尔多斯学学科体系和知识体系，才能向中外传出鄂尔多斯的声音、内蒙古的声音、中国的声音。

因此，我们认为，随着地方发展实践的需求，地方学的发展与深化是历史必然。当然，地方学在发展过程中，如果远离研究对象，或偏离研究对象，在困境中徘徊甚至自生自灭也不是什么罕见之事。纵观欣欣向荣的地方学，或历史悠久，或后起之秀，外在表现不外乎硕果累累、作用非凡、人才辈出、蒸蒸日上，究其原因，都是始终沿着自己确定的研究对象，立足当地实践，深入细致研究，成果应用得当，而且不断与时俱进。

---

1 习近平：《在哲学社会科学工作座谈会上的讲话》，北京：人民出版社，2016年，第24页。

第四章　鄂尔多斯学的学问体系

　　鄂尔多斯学是在鄂尔多斯地方志、地方史和地方各类研究成果的基础之上，整合社会科学、人文科学和自然科学的研究成果，在马克思主义基本理论指导下，将分门别类的研究成果，从分散综合为整体，将零星整合为系统，最终形成引导或指导地方发展的一门综合性学问，逐步发展成为一门学科，甚至形成一门学术。

　　鄂尔多斯学是研究鄂尔多斯的一门学问或学科。2012 年内蒙古人民出版社出版的《鄂尔多斯学概论》提出，鄂尔多斯学的学科体系包括 6 大部分。第一，鄂尔多斯民族传统文化。由"民族传统文化的历史基础""保存完整的蒙古族传统文化""鄂尔多斯蒙古历史文化研究"和"鄂尔多斯蒙古传统文化的基本特点"构成一章。第二，独具特色的祭祀传统。由"鄂尔多斯蒙古祭祀传统的形成与特征""成吉思汗祭祀""苏勒德祭祀"和"祭祀文化的继承与研究"构成又一章。第三，生态演进的历史经验。由"鄂尔多斯生态的历史演进""鄂尔多斯生态恶化的原因和后果""历史性的转变"和"鄂尔多斯生态建设的基本经验"构成第三章。第四，鄂尔多斯经济的振兴飞跃。由"鄂尔多斯经济发展的历史回顾""鄂尔多斯模式及其基本经验"和"对鄂尔多斯经济的研究"构成第四章。第五，经济社会发展的软实力。由"鄂尔多斯丰富的文化资源""文化事业和文化产业的新发展"和"鄂尔多斯文化的主要特征"构成第五章。第六，敢为人先的鄂尔多斯精神。由"鄂尔多斯精神的历史渊源""新时期鄂尔多斯精神的内涵"和"善于总结提升，不断弘扬鄂尔多斯精神"构成第六章。由此可见，鄂尔多斯学的学科体系就应该由这样 6 个部分构成。

陈育宁先生在《鄂尔多斯学的认知观》一文中提出，20 年来对鄂尔多斯学内涵的不断探索，有不少新拓展，而就大的方面来讲，大体围绕 3 个领域：一个是鄂尔多斯的历史，一个是鄂尔多斯的民族，还有一个是鄂尔多斯的现实发展。鄂尔多斯学围绕上述三个研究领域而确立的认知观是鄂尔多斯学内涵的核心，是"学"的灵魂或立足之本。这 3 个基本学术观点应该是中华民族历史观、多元一体民族观和区域协调发展观。

我们在《鄂尔多斯学的研究对象》一章中提出，鄂尔多斯学的研究对象有 3 个特点，即思想体系是鄂尔多斯学的"学魂"或"学脉"；知识体系是鄂尔多斯学的"要素"或"载体"；话语体系是鄂尔多斯学的"应用"或"表现"。

我们认为，鄂尔多斯学的学问体系应该也由这 3 个方面构成。

一、鄂尔多斯学的思想体系

思想体系是社会科学学问的灵魂。所谓思想就是去想他人、想社会、想国家和想人类世界。不想大事情，不想长远之事，不想事不关己的事情，就不是思想，而是感想。工作和生活的意义是一切思想的必要条件，思想不可以高于现实生活，但比现实生活更宽阔，它要把各种可能生活都包括在内，以便能够充分地理解生活提出的问题。就是说，思想需要一个比现实生活更大的框架，才能够有效地分析生活。在这个意义上，思想不高于生活，但大于生活。因此，无论哲学所讨论的问题多么深刻，都必须与生活问题相关，在生活语境中没有意义的哲学是坏的哲学。思想就其本身而言是不分科的，这一点不可不察。既然哲学试图创造思想，那么哲学就不可能是某个学科，而是所有学科所共有的基础研究。因此，实践告诉人们，哲学是关于世界一般规律的学问或学术。

地方学属于社会科学范畴，社会科学以社会关系为研究对象，必定涉及政治，政治是社会关系的统领，地方学与政治有着紧密的关系。由此可见，地方学的学问体系中当然应当包括思想体系。我国古代著名学者张载就曾说过："为天地立心，为生民立命，为往圣继绝学，为万世开太平。"这就是我国文化人的思想体系。其实西方学者也有个相近的说法，如英国近代思想家培根在《新工具》中的第一条箴言是："人作为自然界的臣相和解释者，他所能做的、所能懂的只是如他在事实中或思想中对自然进程所已观察到的那么多，也仅仅那样多；在此以外，他是既无所知，亦不能有所作为。"

习近平总书记在哲学社会科学工作座谈会上强调了马克思主义的价值观是以人民为中心的："坚持以马克思主义为指导，核心要解决好为什么人的问题。为什么人的问题是哲学社会科学研究的根本性、原则性问题。我国哲学社会科学为谁著书、为谁立说，是为少数人服务还是为绝大多数人服务，是必须搞清楚的问题。世界上没有纯而又纯的哲学社会科学。"

习近平总书记的概括十分透彻地说明，一切哲学社会科学都有个为什么人服务的问题，也就是说，所有的社会科学都包含着一定的指导思想。习近平总书记还明确指出："当代中国哲学社会科学是以马克思主义进入我国为起点的，是在马克思主义指导下逐步发展起来的。坚持以马克思主义为指导，是当代中国哲学社会科学区别于其他哲学社会科学的根本标志，必须旗帜鲜明加以坚持。坚持以马克思主义为指导，首先要解决真懂真信的问题，核心要解决好为什么人的问题，最终要落实到怎么用上来。"

新的历史形势下，坚持马克思主义基本理论为指导思想，最重要的是坚持马克思主义基本原理和贯穿其中的立场、观点、方法。这是马克思主义的精髓和活的灵魂。马克思主义是随着时代、实践、科学发展而不断发展的开放的理论体系，它并没有结束真理，而是开辟了通向真理的道路。恩格斯早就说过："马克思的整个世界观不是教义，而是方法。它提供的不是现成的教条，而是进一步研究的出发点和供这种研究使用的方法。"

鄂尔多斯学诞生于 21 世纪之初，马克思主义基本原理和贯穿其中的立场、观点和方法，就是鄂尔多斯学研究的思想体系，这个思想体系贯穿于鄂尔多斯学研究的全过程，是鄂尔多斯学赖以产生、发展和壮大的前提、基础和支撑。之所以说思想体系对一门学问如此重要，是因为不同的理论产生于具体、特定的时间和空间，有其特定的历史、社会、文化背景。鄂尔多斯学是鄂尔多斯改革开放、现代化建设条件下产生的一门新兴学问，鄂尔多斯学要致力于我国传统思想体系与苏联思想体系和西方思想体系的传承、吸收与创新的交往交流交融的大背景之间，致力于社会科学、人文科学与自然科学融会贯通的大舞台上，致力于用符合我国国情和内蒙古区情、鄂尔多斯市市情的特色实践与文化对古今中外思想体系进行系统化、概念化的新时代重建，致力于努力建构马克思主义中国化时代化指导下的鄂尔多斯学思想体系。

如果我们从学科角度看，特别是从我国现存学术体系角度看，鄂尔多斯学的学科处境从问世时起就很尴尬。鄂尔多斯学从无到有，其基本的学科分类体系、概念体系和论述方式都是沿用国内既有的设置来安排的，所以，鄂尔多斯学从立学研究伊始总是处在一种实质意义上的两难处境之中，那些表面看来最符合西方学科理论的中国经验研究虽然论证形式规整，但总有言尽意难尽的隔靴搔痒之感，而那些力图尽量采用本土话语来阐发本土问题的专家学者，却总是憋一肚子话道不出来，总会流露出词不达意的学术失语感。北京大学渠敬东先生认为，这恐怕就是人们所说的移植派和本土派分别面临学术困境的根源。不过，我们也觉得，中国社会科学研究表现出来的这种局促性，也未见得全是坏事，我们至少可以说，这种焦虑本身恰恰可以证明我们的学术依然具有自身生命的特质。人有焦虑，可以证明他还活着，学术有焦虑，恰恰可以证明他还有许多生命中未解的难题需要去琢磨和解决。所以，我们很想说，中国社会科学自发形成的自主性从来就没有泯灭过，只要严复有焦虑，王国维有焦虑，梁漱溟有焦虑，我们今天的学者有焦虑，这就是中国社会科学潜藏着的希望所在。正因为这样，习近平总书记才掷地有声地说出，新形势下，我国哲学社会科学地位更加重要、任务更加繁重。面对社会思想观念和价值取向日趋活跃、主流和非主流同时并存、社会思潮纷纭激荡的新形势，如何巩固马克思主义在意识形态领域的指导地位，培育和践行社会主义核心价值观，巩固全党全国各族人民团结奋斗的共同思想基础，迫切需要哲学社会科学更好发挥作用。面对新形势新要求，我国哲学社会科学领域还存在一些亟待解决的问题。比如，哲学社会科学发展战略还不十分明确，学科体系、学术体系、话语体系建设水平总体不高，学术原创能力还不强；哲学社会科学训练培养教育体系不健全，学术评价体系不够科学，管理体制和运行机制还不完善；人才队伍总体素质亟待提高，学风方面问题还比较突出，等等。目前在学术命题、学术思想、学术观点、学术标准、学术话语上的能力和水平同我国综合国力和国际地位还不太相称。要按照立足中国、借鉴国外，挖掘历史、把握当代，关怀人类、面向未来的思路，着力构建中国特色哲学社会科学，在指导思想、学科体系、学术体系、话语体系等方面充分体现中国特色、中国风格、中国气派。当代中国的伟大社会变革，不是简单延续我国历史文化的母版，不是简单套用马克思主义经典作家设想的模板，不是其他国家社会主义实践的再版，也不是国外现代化发展的翻版，不可能找到现成的教科书。我国哲学社会科学应该以我们正在做的事情为中心，从我国改革发展的实践中挖掘新材料、发现新问题、提出新观点、构建新理论，加强对改革开放和社会主义现代化建设实践经验的系统总结，加强对发展社会主义市场经济、民主政治、先进文化、和谐社会、生态文明以及党的执政能力建设等领域的分析研究，加强对党中央治国理政新理念新思想新战略的研究阐释，提炼出有学理性的新理论，概括出有规律性的新实践。这是构建中国特色哲学社会科学的着力点、着重点。一切刻舟求剑、照猫画虎、生搬硬套、依样画葫芦的做法都是无济于事的。中国特色哲学社会科学应该涵盖历史、经济、政治、文化、社会、生态、军事、党建等各领域，囊括传统学科、新兴学科、前沿学科、交叉学科、冷门学科等诸多学科，不断推进学科体系、学术体系、话语体系建设和创新，努力构建一个全方位、全领域、全要素的哲学社会科学体系。

鄂尔多斯学生存于中国特色社会主义新时代的大环境之中，马克思主义基本理论作为这门学问的指导思想，决定着鄂尔多斯学思想体系的性质和方向。专家学者的一切研究过程中，只有坚持马克思主义作为鄂尔多斯学研究的指导思想，才能确保鄂尔多斯学思想体系的正确性质以及研究成果的社会效应，即鄂尔多斯学思想体系的正确性与社会性。与此同时，鄂尔多斯学应当以中华优秀传统文化为主干、鄂尔多斯融合文化为枝叶以及铸牢中华民族共同体意识作为鄂尔多斯学思想体系的主要内容，以此保证鄂尔多斯学思想体系的地区性和民间性。当然，鄂尔多斯学还应该学习借鉴人类文明历史长河中一切有益于鄂尔多斯现代化建设的思想文化，从而保证鄂尔多斯学思想体系的国际性。

二、鄂尔多斯学的知识体系

2021年6月内蒙古人民出版社出版的《内蒙古学概论》"序言"中，高慧广先生指出，内蒙古学要解读好"内蒙古因素"。"内蒙古因素"应当涵盖内蒙古历史文化的脉络底蕴，也要呈现内蒙古政治、经济、文化、社会、生态的特点，着重研究现实，兼顾历史文化，为内蒙古全面建设现代化构建文化底色和发展优势提供重要学术视野。该书"前言"中，杭栓柱先生指出，以整体的、综合的思路解读和诠释内蒙古，从分门别类的研究对象中找出它们的内在联系和内核，从而呈现内蒙古的精神气质，以整体思维解决内蒙古在发展过程中遇到的问题。根据两位先生的观点，《内蒙古学概论》在"内蒙古学主体论"中用八个章节进行展开书写，包括"内蒙古的历史演进""内蒙古的经济建设""内蒙古的政治建设""内蒙古的文化建设""内蒙古的社会建设""内蒙古的生态文明建设""内蒙古自治区党的建设"和"内蒙古的精神"。

参照《内蒙古学概论》关于内蒙古学知识体系构建的概括，综合目前国内地方学界有关地方学知识体系的学术观点，我们认为，任何一门地方学都应当有自己的知识体系。所谓知识体系，最主要的价值在于其解释现实问题的能力，特别是解决"我是谁"的问题。如果一门地方学不能建立自己的知识体系，不能清清楚楚地解释自身，外界就很难认识和对接你，甚至自己也说不清自己是个什么样的东西，这种"以其昏昏"肯定是不行的，久而久之，自然就会成为"僵尸学会"。

学习借鉴他人的真知灼见，总结概括鄂尔多斯学20年演进的历史经验，根据我国当代地方学发展的状况，我们将鄂尔多斯学的知识体系概括为以下九个方面。

（一）鄂尔多斯的历史演进

第一，中华民族共同体形成过程中的鄂尔多斯文明演进。

首先，鄂尔多斯各民族早期文明交往交流交融的历史包括以下内容：旧石器时代"河套文化"，新石器时代"乌兰木伦文化"，青铜器时代"朱开沟文化""桃红巴拉文化""匈奴金冠文化""秦直道文化"，以及"昭君出塞""文姬归汉"等。

其次，从魏晋南北朝隋唐五代时期农耕民族与游牧民族间你来我往的鄂尔多斯可以看到，从"大夏国都统万城"、敕勒人唱敕勒歌"六胡州""地斤泽"到党项族及隋炀帝同启民可汗十二连城会盟，这个时期，我国各民族时而相互征战厮杀，时而言和交错杂处，各民族相互影响、相互渗透、相互融合，促使中原农耕文化与北方游牧文化得到深度交融。

最后，从宋辽金西夏元明清时期各族竞合、争霸称雄、通贡互市、共御外敌、走西口与漫瀚调中，可以看出众多民族在鄂尔多斯你方唱罢我登场，最终形成蒙古族鄂尔多斯部与晋陕汉族居民杂处的一块风水宝地。

第二，鄂尔多斯的革命历程与新中国在伊克昭盟建立地方政权。这部分内容主要包含四个方面。一是旧民主主义革命时期的"独贵龙"运动和反洋教斗争。二是鄂尔多斯仁人志士找到中国共产党，开启了新民主主义革命。三是抗日战争时期的鄂尔多斯。四是解放战争与伊克昭盟自治区人民政府的成立。

第三，社会主义革命和建设时期的鄂尔多斯。这部分内容主要包括三个方面。一是社会变革时新政权的巩固与社会民主改革。二是社会主义改造与社会主义建设的新成就。三是"文革"动荡、拨乱反正与新时期的开启。

第四，鄂尔多斯的改革开放与跨越式发展。这部分内容主要包括五个方面。一是"包产到户""新'苏鲁克'制度"与"补偿贸易"。二是"重塑重构""拉通联动""工业立盟"。三是"二次创业""两化三新六突破"。

四是"四大""六高""三区规划""三化互动水支撑"。五是"新路子""先行区""排头兵",建设实力、活力、绿色、宜居、幸福鄂尔多斯。

(二)鄂尔多斯的经济建设

第一,鄂尔多斯经济建设的发展历程。一是从零开始的艰苦创业期(1949年11月至1978年12月);二是由"统"到"分"的农牧区改革开放期(1978年12月至1992年5月);三是由"农"到"工"的第一次创业期(1978年12月至1992年5月);四是由"小"到"大"的第二次创业期(1992年5月至2012年11月);五是由"量"到"质"的第三次创业期(2012年11月至今)。

第二,鄂尔多斯经济建设的主要成就。一是经济实力走进前列,集中表现在经济总量迅猛扩张、创新能力后来居上和扶贫攻坚答卷精彩等方面。二是现代农牧业得到强基固本,表现在农产品显著增长、畜牧业提质增效、农牧产业化体系基本形成、品牌引领效应显现和科技水平大幅提升等方面。三是新型工业集群发展,突出表现在羊绒产业温暖世界、乌金出土四面八方、西电东送为国争光、苏里格气田全球名扬、现代煤化工走向成熟和非资源型产业多点开花等方面。四是第三产业增量提质,主要表现在三产业生机勃勃进入新阶段、升级提档蓄积新动力、产业集聚凸显竞争力和全域旅游构筑新优势等方面。五是非公经济异军突起,突出表现在创优环境激发活力、大中企业顶天立地和小微企业快马加鞭。六是基础设施大幅改善,集中表现在立体交通四通八达、智慧城市步伐加速、公园城市初显端倪和配套服务不断完善等方面。七是城乡面貌焕然一新,突出表现在城镇化水平走在全国前列、区域协调发展迈出实质性步伐和农村牧区面貌呈现翻天覆地的变化等方面。八是市场体系初步建成,集中表现在商品市场不断完善、资本市场健康发展、劳动力市场服务提升、技术市场支撑有力和房地产市场破冰回暖等方面。九是对外开放八面来风,突出表现在主动融入"一带一路"、招商引资突飞猛进、对外投资风生水起、对外贸易成绩斐然和横向联合互利共赢等方面。

第三,鄂尔多斯经济建设的独特贡献。一是清洁煤炭输出的主力军,近十年来始终保持清洁煤炭输出最多地级市的光荣称号；二是"西电东送"的主力地区，"上海庙"特高压、"蒙西"特高压确保济南和天津用电；三是优质天然气输出地级市，每年输出天然气近300亿立方米，全国地级市输出天然气数一数二；四是能源"保供"第一方阵地级市，内蒙古自治区"保供"排头兵。

第四，鄂尔多斯经济建设的经验启示。一是坚持改革转型发展，集中表现在改革是决定命运关键的一招、改革必须坚持党的思想路线和以改革的办法推动转型发展。二是坚持创新引领发展，突出表现在创新是引领发展的第一动力、制度创新的关键是处理好政府与市场关系、坚定实施创新驱动发展战略和在"放管服"改革上求创新等方面。三是坚持协调均衡发展，表现在协调是持续健康发展的内在要求、推动区域协调发展、推动城乡协调发展、推进基础设施和经济建设协调发展和推进物质文明和精神文明协调发展等方面。四是坚持绿色持续发展，突出表现在绿色是永续发展的必要条件、实现人与自然和谐共生、低碳循环引领产业发展、山水林田湖草沙系统治理、实现美丽与发展双赢和绿水青山就是金山银山等方面。五是坚持开放联动发展，集中表现在开放是发展的必由之路、以开放促改革促发展和融入区域发展战略等方面。六是坚持共享和谐发展，主要表现在共享是发展的目标和归宿、把人民利益作为发展的出发点和落脚点、紧紧依靠人民群众推动发展、让人民群众共享发展成果、共同发展共同富裕和尽力而为量力而行等方面。

（三）鄂尔多斯的政治建设

第一，鄂尔多斯政治建设的发展历程，一是社会主义政治制度在鄂尔多斯的建立与形成（1949年9月至1978年12月）；二是中国特色社会主义政治建设在鄂尔多斯的开启与发展（1978年12月至2012年11月）；三是新时代中国特色社会主义政治建设在鄂尔多斯的全面推进与纵深发展（2012年11月至今）。

第二，鄂尔多斯政治建设的主要特点，一是始终坚持党的集中统一领导是鄂尔多斯政治建设的根本保证；二是坚持党的创新理论是鄂尔多斯政治建设的思想保证；三是坚持各族人民当家作主是鄂尔多斯政治建设的本质要求；四是实行民族区域自治是鄂尔多斯政治建设的重要内容；五是坚持全面依法治市是鄂尔多斯政治建设的法治保障。

第三，鄂尔多斯政治建设的经验启示，一是必须坚定不移走中国特色社会主义政治发展道路；二是必须始终坚持维护党中央的集中统一领导，保证党和国家政令畅通；三是必须坚持实事求是从实际出发的原则；四是必须坚持依靠各族人民的大团结；五是必须坚持党的民族理论和民族政策；六是必须坚持和发展全过程人民民主，推进社会主义民主制度化、法律化；七是必须坚持扩大社会各阶层人民的广泛政治参与。

（四）鄂尔多斯的文化建设

第一，鄂尔多斯文化建设的发展历程。一是鄂尔多斯文化事业的起步与发展时期（1949年11月至1978年12月）；二是鄂尔多斯开启"大文化"建设时期（1978年12月至2012年11月）；三是鄂尔多斯跨入文化强市建设新时代（2012年11月至今）。

第二，鄂尔多斯文化建设的主要特点，这方面主要表现在始终坚持社会主义先进文化的发展方向和始终立足本地区实际情况探索发展路径等。

第三，鄂尔多斯文化建设的独特贡献，一是丰富中华文化多元一体格局；二是巩固守望相助、团结奋斗的大局；三是积极主动融入中华民族共有精神家园的构筑。

第四，鄂尔多斯文化建设的经验启示，一是坚持党的集中统一领导，全面推进民族文化繁荣发展；二是坚持因地制宜、探索民族地区文化发展繁荣路径；三是坚持理论先导、推动重大学术研究和基础理论研究；四是遵循文化发展规律、不断推进文化体制改革创新。

（五）鄂尔多斯的社会建设

第一，鄂尔多斯社会建设的发展历程。一是鄂尔多斯社会建设探索发展时期（1949年11月至1978年12月）；二是鄂尔多斯社会建设快速发展时期（1978年2月至2012年11月）；三是鄂尔多斯社会建设不断完善时期（2012 年 11 月至今）。

第二，鄂尔多斯社会建设的主要特点。一是立足市情，依法治市稳步前进；二是注重德法兼治，创成国家西部首个文明城市群；三是铸牢中华民族共同体意识，创成国家民族团结进步示范市；四是注重扶贫济困，如期实现全部全面脱贫；五是注重城乡统筹，基本达到绿富同兴、共同富裕。

第三，鄂尔多斯社会建设的实践成就。一是党的领导能力切实增强；二是社会主义民主政治持续发展；三是政府治理水平进一步提升；四是社会主义法治逐步健全；五是社会主义德治力量充分彰显；六是社会治理共治体系日益完善；七是党的民族政策得到深入实施。

第四，鄂尔多斯社会建设的经验启示。一是始终坚持党的领导是根本保证；二是始终坚持以人民为中心是本质要求；三是始终坚持全面深化改革是强大动力；四是始终坚持加强法治建设是重要保障；五是始终坚持社会协同共治是基本路径；六是始终坚持各民族守望相助是坚实基础。

（六）鄂尔多斯的生态文明建设

第一，鄂尔多斯生态文明建设的发展历程。一是找寻和探索生态文明建设阶段（1949 年 11 月至 1978 年 12 月）；二是生态恶化到初步遏制阶段（1978 年 12 月至 2000 年 12 月）；三是生态恶化从初步遏制到局部好转阶段（2001 年 1 月至 2012 年 11 月）；四是生态从局部好转到总体向好发展阶段（2012 年 11 月至今）。

第二，鄂尔多斯生态文明建设的主要特点。一是沙漠变绿洲，治沙模式成为全球样板；二是荒原披绿装，植被恢复创造出人间奇迹；三是生产淌绿韵，画就绿富同兴美好画卷；四是环境呈绿景，蓝天绿地宜业宜居。

第三，鄂尔多斯生态文明建设的独特成就。一是始终坚持绿色发展理念，高质量实施生态修复工程；二是立足本地实际，创造出"四轮驱动"整体统筹的生态治理模式；三是始终坚持制度化、法治化的绿色长效机制；四是始终坚持生态产业化、产业生态化的生态经济体系；五是始终坚持协同法治的对外开放合作机制。

第四，鄂尔多斯生态文明建设的经验启示。一是始终坚持绿色发展的战略定力；二是始终明确绿色发展的战略目标与重点；三是始终强化绿色发展的战略举措。

（七）鄂尔多斯市党的建设

第一，鄂尔多斯市党的建设历史进程。一是筚路蓝缕的艰辛探索时期（1949年11月至1978年12月）；二是破浪前行的治党实践时期（1978年12月至2012年11月）；三是伟大工程的世纪梦想时期（2012年11月至今）。

第二，鄂尔多斯市党的建设主要特点。一是始终必须遵循一切从实际出发，坚定不移地贯彻党的实事求是的思想路线；二是始终必须坚持抓好思想建党这个基础，用马克思主义中国化的创新理论武装全市各族干部群众；三是始终必须坚持根据时代和形势的变化，大力推进基层组织创新；四是始终必须坚持党的干部路线，充分发挥少数民族干部的重要作用。

第三，鄂尔多斯市党的建设主要成就。一是政治建设引领新时代；二是思想建设开辟新境界；三是组织建设实现新提升；四是作风建设呈现新气象；五是纪律建设达到新高度；六是制度建设实现新突破；七是反腐败斗争取得新成效。

第四，鄂尔多斯市党的建设经验启示。一是必须始终坚持和加强党的全面领导；二是必须始终坚持用党的创新理论武装全党；三是必须始终筑牢党执政的阶级基础和群众基础；四是必须始终注重和加强党的基层组织建设；五是必须始终建立健全党的建设的各项制度。

（八）鄂尔多斯的精神特质

第一，鄂尔多斯精神特质的形成过程。一是各民族交融的历史奠定了鄂尔多斯精神特质的底蕴；二是中国共产党领导的红色革命孕育了鄂尔多斯精神特质的品格；三是各民族大团结培育了鄂尔多斯精神特质的内核；四是新时代中华民族伟大复兴的宏大事业塑造了鄂尔多斯精神特质的灵魂。

第二，鄂尔多斯精神特质的丰富内涵。一是守望相助理念；二是"吃苦耐劳、一往无前，不达目的决不罢休的'蒙古马精神'"；三是"以天为幕布，以地为舞台"的乌兰牧骑演艺精神；四是"守望相助、百折不挠、科学创新、绿富同兴"的库布齐精神。

第三，鄂尔多斯精神特质的独特作用。一是大力弘扬鄂尔多斯精神特质，有利于增强全市各族人民群众铸牢中华民族共同体意识；二是大力弘扬鄂尔多斯精神特质，有利于推进新时代实力、活力、绿色、宜居和幸福鄂尔多斯建设；三是大力弘扬鄂尔多斯精神特质，有利于走实走好以"生态优先、绿色发展"为导向的高质量发展新路子，建设黄河几字弯绿色能源发展的先行区，当好内蒙古经济发展"稳"的压舱石与"进"的排头兵；四是大力弘扬鄂尔多斯精神特质，有利于形成推动鄂尔多斯未来发展的强大力量。

（九）鄂尔多斯的美好未来

唯物史观告诉人们，历史、现实和未来是相通的，未来将从历史和现实中走来。

第一，鄂尔多斯未来发展的现实基础。一是经济建设由量变走向质变，发展的物质基础显著提升；二是文化建设由增进共同性走向共同繁荣发展，区域特色优势更加明显；三是社会建设由扩面转向提质，发展的共建共治共享主体进一步巩固；四是生态文明建设由被动转向优先位置，绿色高质量发展的路子更加坚实；五是政治建设由全面推进到全面加强，社会治理水平显著提升。

第二，鄂尔多斯未来发展的重大机遇。一是在区域发展格局中的地位更加清晰；二是在区域发展战略中作用更加显著；三是绿色清洁能源新技术革命成为发展的强劲动力；四是"碳达峰""碳中和"带来新一轮发展机遇。

第三，鄂尔多斯未来发展的现实挑战。一是"百年变局""世纪疫情"影响下，不确定性因素依然较多；二是资源型城市转型升级过程中，生态环境约束日益严格；三是人力资源争夺交锋中，创新要素优势条件严重不足；四是改善提高民生水平，人们对美好生活的需求尚存供需敞口；五是从发展能力看，治理体系和治理能力现代化任重道远。

第四，鄂尔多斯未来发展目标。一是经济更强的实力鄂尔多斯；二是动能更足的活力鄂尔多斯；三是生态更绿的绿色鄂尔多斯；四是城乡更美的宜居鄂尔多斯；五是福祉更高的幸福鄂尔多斯。

第五，鄂尔多斯未来发展的现实路径。一是建设现代化绿色能源产业新城；二是建设全过程人民民主和中国特色社会主义法治善城；三是建设中华民族共有精神家园的文化名城；四是建设绿富同兴共同富裕的安康暖城；五是建设山水林田湖草沙系统治理的生态文明绿城；六是建设服务全国一盘棋走向世界的开放包容魅城。

三、鄂尔多斯学的话语体系

话语体系源于知识体系和思想体系，知识体系是话语体系的基础，思想体系是话语体系的灵魂，话语体系是知识体系和思想体系的外在表现形式。习近平总书记指出，发挥我国哲学社会科学作用，要注意加强话语体系建设。在解读中国实践、构建中国理论上，我们应该最有发言权，但实际上我国哲学社会科学在国际上的声音还比较小，还处于有理说不出、说了传不开的境地。要善于提炼标识性概念，打造易于为国际社会所理解和接受的新概念、新范畴、新表述。

鄂尔多斯学问世以来，一直处于大力宣介与慢慢被接受这样一个过程之中。实践证明，任何一门学问，都有个成长过程。但是，话语体系建设是学问迅速成长为学科的重要途径或载体。鄂尔多斯学的话语体系主要体现在这样一些方面。

第一方面，文字表达的报刊图书类作品。

（一）《鄂尔多斯日报》专版

（二）《鄂尔多斯学研究》专刊

（三）《我与鄂尔多斯》等专著

（四）《回眸鄂尔多斯》系列专著

（五）《鄂尔多斯史籍拾遗》系列专著

（六）《鄂尔多斯风采》系列专著

（七）《鄂尔多斯大辞典》

（八）《鄂尔多斯学概论》

（九）《鄂尔多斯学研究成果丛书》

（十）《地方学研究专辑》

（十一）《地方学研究信息》

第二方面，影视音像表达的音像作品。

（一）《走遍中国鄂尔多斯》《印记鄂尔多斯》《红色鄂尔多斯》等

（二）《社科普及》《石榴花开》《促进民族团结进步条例宣讲》《走好新路子建设先行区当好排头兵》等微课堂

（三）《准格尔婚礼》

（四）《鄂尔多斯市第五次党代会精神解读》网络宣传课件等

第三方面，学术交流会。

（一）每年主办四次围绕预设主题的学术交流会

（二）每月举办一次围绕形势发展要求的学者座谈会

（三）每年主办两次围绕预设主题的学术考察活动（包括座谈会、论文交流等）

（四）每年选派不少于30位学术骨干、学科带头人参加不同类型的学术交流活动

第四方面，社科普及宣讲。

（一）专家学者进机关宣讲不少于12讲

（二）专家学者进校园宣讲不少于20讲

（三）专家学者进企业宣讲不少于12讲

（四）专家学者进社区宣讲不少于12讲

（五）专家学者进乡村宣讲不少于12讲

（六）专家学者进本市以外宣讲不少于10讲

（七）专家学者利用微课堂宣讲不少于50讲

第五方面，召开新书发行宣传介绍座谈会。

每年至少举行15次，每次邀请本土有关方面学者专家50人左右与会，

分别给高等院校、相关单位和市旗区图书馆赠书。

第六方面，开设鄂尔多斯学研究会公众号。

目前为止，已经发布 532 期，其中最多点击人数达到 3000 人次。

第七方面，"方志驿站"开馆。

鄂尔多斯学研究会与鄂尔多斯市档案史志馆联合创办"方志驿站"，一方面承担新书发行发布宣介任务，另一方面发挥书评"沙龙"作用。

第五章　鄂尔多斯学的研究方法

鄂尔多斯学是揭示鄂尔多斯发展规律的一门学科，它由思想体系、知识体系和话语体系构成。鄂尔多斯学作为社会科学的组成部分，属于地方学"百花园"中的一朵奇葩。

鄂尔多斯学因时代而立、因作为而兴、因交流而跃、因个性而美、因文化而强。20年来，鄂尔多斯学立足鄂尔多斯、研究鄂尔多斯、服务鄂尔多斯，展示出独特的凝心研究、聚力服务，经世致用、求真务实的科学性质和问题导向、实践应用，开放交流、服务现实的鲜明特点。

整理鄂尔多斯学一路走来所产生的研究成果可以看出，鄂尔多斯学在研究方法上，具有坚持马克思主义基本原理，以社会科学研究为主，协同人文科学和自然科学综合研究的特点。也可以说，鄂尔多斯学综合运用社会科学、人文科学和自然科学方法论思考问题，利用和嫁接了多种多样的研究方法。与此同时，鄂尔多斯学结合学科自身特点，创造性地发展出了鄂尔多斯学的研究方法体系。

方法，是指人们认识世界和改造世界的方式、准则、程序、线路以及工具、手段和途径。方法起源于实践活动，人们的实际行动方式一开始就必须服从他所接触的那些事物的客观逻辑，也就是说，必须适应这些事物的性质与关系。实际行动方式逐渐在人们的头脑中"定居"下来，并变成了认识的方法、思维的方法。于是，人们在行动之前，既可以预想到这一行动的结果，又可以提出达到该结果的方式或手段。这样，在人类历史的进程中，实践活动愈来愈理论化，而理论也愈来愈具有实践的意义。方法起着实践与理论联结的重要作用。方法在地方学研究中，具有一定的特性，在鄂尔多斯学研究过程中，主要存在下列 6 种：一是"明确性"，或称"通俗性"；二是"决定性"，或称"连续性"；三是"倾向性"，或称"服从性"；四是"结果性"，或称"成果性"；五是"可靠性"；六是"经济性"。当然，不是每一种方法都具备上述全部特性，但是方法被研究得越多，它满足上述特性的程度也就越高。

方法论，是关于认识世界和改造世界的方法的理论。换句话说，是人们关于认识活动的体系、形式和方式的原理的学说。方法论要求阐明科学探索过程中各种要素的意义，这些要素包括观察程序、理论模式、发现和辩护的方法，也需要剖析科学活动中的各个方面：逻辑本质、人类学的分析、社会学的处理，特别是要求指明科学研究所遵循的纲领或规范，究竟用什么眼光看待世界，体现出什么样的传统和风格。方法论是一种分析而不是一种指令。方法论按其不同层次可分为哲学方法论、一般科学方法论、具体科学方法论。

研究方法，是指在研究过程中发现新现象、新事物，或提出新理论、新观点，揭示事物内在规律的工具和手段。这是运用智慧进行科学思维的技巧，一般包括文献调查法、观察法、思辨法、行为研究法、历史研究法、概念分析法、比较研究法等。研究方法是人们在从事科学研究过程中不断总结、提炼出来的。由于人们认识问题的角度、研究对象的复杂性等因素，而且研究方法本身处于一个不断地相互影响、相互结合、相互转化的动态发展过程中，所以对于研究方法的分类很难有一个完全统一的认识。尽管这样，研究方法对于社会进步、学科建设和学术规范均有重要的作用。从某种意义上说，有什么样的研究方法，就有什么样的科学研究。概括而言，鄂尔多斯学的研究方法主要有如下内容。

一、唯物辩证法和唯物史观

唯物辩证法，即"马克思主义辩证法"，以自然界、人类社会和思维发展的一般规律为研究对象，是辩证法思想发展的高级形态，是马克思主义哲学的重要组成部分。它认为物质世界是普遍联系和不断运动变化的统一整体；辩证规律是物质世界自己运动的规律；主观辩证法或辩证的思维是客观辩证法在人类思维中的反映。它是最全面、最丰富、最深刻的发展学说。

唯物辩证法的基本规律有3条，即对立统一规律（矛盾的规律）、质量互变规律和否定之否定规律。关于这3条基本规律的内在关系，一般认为对立统一规律揭示了事物发展的源泉和动力，质量互变规律揭示了事物发展的状态，否定之否定规律揭示了事物发展的趋势和道路。以毛泽东为代表的很多人主张最基本规律只有一条，即对立统一规律；毛泽东曾指出："应该是一元论，不应该是三元论""对立统一规律是唯物辩证法的实质和核心"。但也有的人不赞成这个观点，而主张把三大规律并列化和立体化——矛盾方面的共存、斗争、综合规律；量变、序变、质变规律；肯定、否定、再肯定的否定之否定规律。

唯物史观亦称历史唯物主义。历史唯物主义是马克思主义哲学中关于人类社会发展的一套理论，是科学的社会历史观和认识、改造社会的科学方法论。历史唯物主义指出：历史的所有事件发生的根本原因是物质的丰富程度，社会历史的发展有其自身固有的客观规律。物质生活的生产方式决定社会生活、政治生活和精神生活的一般过程；社会存在（社会的系统与架构与组成社会的各个要素）决定社会意识（伴随体系架构产生的意识、诉求、思想等），社会意识又可以塑造与改变社会存在；生产力和生产关系（生产要素所有者与生产力提供者之间的关系）之间的矛盾、经济基础（由生产力和生产关系揭示的经济组织形式）与上层建筑之间的矛盾，可以作为研究社会发展的出发点；如果以阶级的观点看待社会组织，在阶级社会中，社会基本矛盾表现为不同阶层的人不同利益诉求的博弈，阶级斗争是阶级社会发展的直接动力；阶级斗争可能会引发社会革命，夺取国家政权。唯物史观的主要内容包括：一是生产是一切社会进步的尺度，社会生产力的发展水平，决定人类社会的进程。二是与生产力一定发展相适应的生产关系，构成一定的社会形态和经济结构的现实基础，它规定着社会形态的主要特征。三是一定的社会形态是一定的经济基础和一定的上层建筑的统一，经济基础的性质决定上层建筑的变更。上层建筑又服务和反作用于经济基础。四是一切社会制度、社会形态都是人类社会从低级到高级的无穷的发展过程中的一些暂时阶段，没有永恒的社会制度和形态，社会制度的发迹是社会基本矛盾发展的结果。社会关系要在一定的物质条件下从旧社会的基础上成熟，在它们所容纳的全部生产力发挥出来之前，社会形态是不会灭亡的。五是现实存在的具体社会形态都是复杂的，人类社会发展的每一个阶段都既有占支配地位的社会形态，又存在着其他社会形态的残余和萌芽。六是人类社会的一般总规律是从原始社会到奴隶、封建、资本主义再到社会主义和共产主义社会。这是一个自然的历史发展过程，社会生产力是推动社会历史前进的根本动力。七是人类社会历史是不以研究者的主观意志为转移的客观发展过程，具有一定的规律性，人们研究历史，探索社会规律，必须要从客观存在的历史事实出发，详细地占有材料，分析它的各种发展形态，揭示其内在联系，得出相应的结果。八是人类社会及其构成成分均以总体的体系方式存在，要从研究对象的整体出发，从研究对象内部的相互作用与矛盾和研究对象与外部环境的相互作用中进行研究。九是在客观历史过程中，一切社会历史因素都是相互作用的。十是人类社会是有规律运动的，由低级向高级发展的，它显现为历史过程，构成历史过程的各种社会现象也是运动与发展的。要用发展的眼光看待历史上的一切，用辩证法的观点去把握对象的本质联系与内部矛盾，又要把研究的对象提到一定的范围之内，具体问题具体分析，从而准确地把握对象。十一是社会历史事物的发展变化，有进化（改革）和革命两种方式。十二是社会历史发展的根源是其种种复杂的内外部矛盾。十三是在客观历史进程中，环境创造人，人又创造环境。十四是社会历史的研究，不是一个简单的消极的反映过程，而是主客体之间相互渗透相互作用的辩证统一过程。

在鄂尔多斯学研究中坚持马克思主义的指导作用，主要是运用马克思主义的立场、观点和方法。正如恩格斯所言："马克思的世界观不是教义，而是方法。它提供的不是现成的教条，而是进一步研究的出发点和供这种研究使用的方法。"鄂尔多斯学研究实践中有4个方面值得特别重视。一是全面、总体、联系的思维方法；二是辩证、转化、发展的思维方法；三是主与次、共性与个性、具体问题具体分析的思维方法；四是底线、共识、包容的思维方法。

二、文献研究法

鄂尔多斯学问世以来，前 15 年的研究成果集中体现在"历史文化"梳理活动中，其大量著作和论文可以见证。文献研究法在地方学研究中有如下一些特点：一是文献研究法超越了时间、空间限制，通过对古今中外文献进行调查可以研究极其广泛的社会情况。这一优点是其他调查方法不可能具有的。二是文献研究法主要是书面调查，如果搜集的文献是真实的，那么它就能够获得比口头调查更准确、更可靠的信息。避免了口头调查可能出现的种种记录误差。三是文献研究法是一种间接的、非介入性调查。它只对各种文献进行调查和研究，而不与被调查者接触，不介入被调查者的任何反应。这就避免了直接调查中经常发生的调查者与被调查者互动过程中可能产生的种种反应性误差。四是文献法是一种非常方便、自由、安全的调查方法。文献调查受外界制约较少，只要找到了必要文献就可以随时随地进行研究；即使出现了错误，还可通过再次研究进行弥补，因而其安全系数较高。五是文献法成本较低、效率较高。文献研究法不像实验研究，需要耗费大量的原料与器材，它接触的仅仅是与研究对象有关的文献资料，研究过程也相对比较简单，因而可以省下一大笔的研究经费，对于研究预算是很合算的一种研究方式。文献调查是在前人和他人劳动成果基础上进行的调查，是获取知识的捷径。它不需要大量研究人员，不需要特殊设备，可以用比较少的人力、经费和时间，获得比其他调查方法更多的信息。六是文献资料浩如烟海，研究者不可能做到面面俱到，所以，非全面性的选择就将对研究内容有一定的限制；由于研究者对于文献的熟悉程度不一，很难完全理解里面的内容信息，也就是说，文献研究存在着局限性。综上可见，文献研究法比较而言还算是一种有着较高效率的研究方法。从鄂尔多斯学的实践看，文献法的一般过程包括 5 个基本环节，分别是：

第一，提出课题或假设；第二，研究设计；第三，搜集文献；第四，整理文献；第五，进行文献综述。文献研究法的提出课题或假设是指依据现有的理论、事实和需要，对有关文献进行分析整理或重新归类研究的构思。研究设计首先要建立研究目标，研究目标是指使用可操作的定义方式，将课题或假设的内容设计成具体的、可以操作的、可以重复的文献研究活动，它能解决专门的问题和具有一定的意义。

三、历史比较法

比较是人们在社会实践和日常生活中常用的一种方法，是人类认识世界最普遍、最常用的重要手段之一。任何事物的产生、发展、消亡都有其历史背景和历史阶段，通过历史比较法，可以清晰地认识事物发生发展和消亡的必然性、客观性和规律性。鄂尔多斯学研究的是古今鄂尔多斯地区综合体的内在发展规律，因此，鄂尔多斯学研究必须运用历史比较法，一方面是鄂尔多斯区域自身的比较，通过不同历史、不同特征、不同状况的对比，从内部找出发展轨迹或脉络；另一方面是与国内外其他区域进行比较，找到自身发展运行的优势与不足，学习借鉴他人的经验和方式。

由此可见，历史比较法是鄂尔多斯学研究中的一个基础方法。

历史比较法作为一种宏观考察历史的方法，有利于人们从宏观和整体上把握历史的发展过程，为探求历史发展规律提供有效的认识手段。马克思曾将历史比较这一宏观考察方法视为理解历史现象的钥匙。历史比较研究能产生出历史的选择意识，有利于提出新的历史问题，并能提供研究历史的新角度。历史比较研究具有检验历史认识，推导出新的历史结论的作用。历史比较研究还能起到预见未来的作用，同时促使人们调整现实行动，顺应历史的发展。

根据不同的标准，我们可以把历史比较研究法分成如下五类。

第一，按属性的数量，可分为单项比较和综合比较。单项比较是按事物的一种属性所做的比较。综合比较是按事物的所有（或多种）属性进行的比较，单项比较是综合比较的基础。但只有综合比较才能达到真正把握事物本质的目的。因为在历史科学研究中，需要对事物的多种属性加以考察，只有通过这样的比较，尤其是将外部属性与内部属性一起比较才能把握事物的本质和规律。

第二，按时空的区别，可分为横向比较与纵向比较。横向比较就是对空间上同时并存的事物的既定形态进行比较。如历史研究中的比较、同一时间各国历史制度的比较等都属于横比。纵向比较即时间上的比较，就是比较同一事物在不同时期的形态，从而认识事物的发展变化过程，揭示事物的发展规律。在历史科学研究中，对一些比较复杂的问题，往往既要进行纵比，也要进行横比，这样才能比较全面地把握事物的本质及发展规律。

第三，按目标的指向，可分成求同比较和求异比较。求同比较是寻求不同事物的共同点以寻求事物发展的共同规律。求异比较是比较两个事物的不同属性，从而说明两个事物的不同，以发现事物发生发展的特殊性。通过对事物的"求同""求异"分析比较，可以使我们更好地认识事物发展的多样性与统一性。

第四，按比较的性质，可分成定性比较与定量比较。任何事物都是质与量的统一，所以在科学研究过程中既要把握事物的质，也要把握事物的量。这里所指的定性比较就是通过事物间的本质属性的比较来确定事物的性质。定量比较是对事物属性进行量的分析以准确地制定事物的变化。定性分析与定量分析各有长处，在历史科学研究中应追求两者的统一，而不能盲目追求量化，历史毕竟是一个不同于工厂制造产品的活动，很多东西并不能够量化。但也不能一点数量观念都没有，而应做到心中有"数"，并让数字来讲话。

第五，按比较的范围，可分为宏观比较和微观比较。认识一个事物，既可以从宏观上认识，也可以从微观上认识。从宏观上把握事物的本质，对事物的异同点或基本规律进行比较，则是宏观比较。从微观上把握事物的本质，对事物的异同点或基本规律进行比较，则是微观比较。

鄂尔多斯学在运用历史比较研究方法时突出表现在整个比较研究过程中自觉地以唯物史观做指导，遵循唯物辩证法的有关理论和方法，同时还注意到与其他史学方法相结合进行研究。

四、调查研究法

调查研究法是社会科学研究中最常用的方法之一。它是有目的、有计划、有系统地搜集有关研究对象现实状况或历史状况的材料的方法。调查研究法综合运用历史法、观察法等方法以及谈话、问卷、个案研究、测验等科学方式，对社会现象进行有计划的、周密的和系统的了解，并对调查搜集到的大量资料进行分析、综合、比较、归纳，从而为人们提供规律性的知识。

毛泽东曾经强调，没有调查就没有发言权。习近平也说，重视调查研究，是我们党在革命、建设、改革各个历史时期做好领导工作的重要传家宝。鄂尔多斯学研究会的专家学者不仅从文献宝库中研究鄂尔多斯，更多体现在调查研究中服务鄂尔多斯。概括而言，鄂尔多斯学调查研究中集中体现了这样一些特点。

一是调查前充分准备"问题"而非仅仅是"选题"。紧紧围绕"问题"展开，无论是问题的真相和全貌、问题的本质和规律，还是解决问题的思路和对策，都是以"问题"作为落脚点和出发点。可以说，问题意识是做好鄂尔多斯学调查研究工作的重要基础，问题意识是否强、能否抓住关键问题，将决定调查研究工作的成效。鄂尔多斯学调查研究的选题始终紧扣现实发展需要，出发点是为市委、市政府中心工作提供所需的对策建议，落脚点是解决经济社会文化生态建设中的具体问题。

二是调查前要精心准备"设计"而非仅仅准备"设备"。科学严谨的调查研究之前必须精心设计选题，而非仅仅准备调查研究的设备。设计选题重点把握以下5个关键环节：一是查阅文献资料，通过查阅文献资料掌握初步情况；二是提出研究假设，通过文献资料研究，推测性判断调查对象的特征及有关现象之间的关系，从而进行尝试性设想，明确重点、方向，使调查研究具体化；三是完成概念具体化，具体化是调查访谈提纲和问卷设计的前提和基础；四是确定调研内容，调研内容通常包括状态、意向、行为等；五是设定调研提纲和问卷设计，根据概念具体化，具体设计调研提纲和设计问卷。

调查前要全面准备"方案"而非只注重"方法"。调查研究选题确定后，不是简单确定研究对象、地点和方法，而是制订较为完备的调查研究方案。根据确定的选题，调查研究方案大致内容包括主要目的、指导思想、基本原则、具体对象、研究设计、主要方法、时间安排、参加人员、调查预算和成果要求等。调查研究方法，只是调查研究方案中的一部分内容，常用的方法主要有实地观察法、访谈调查法、问卷调查法、文献调查法等。

调查中要尽可能带着"疑点"而非"观点"。"提前预设调子"，即带着自我观点，将导致调研者在调研过程中有意或无意地重视与自我观点相符合的信息，忽视与自我观点不一致或南辕北辙的信息，调研结果必然会出现偏颇。时下有一种调查却反其道而行之，即先有认识、先有结论，再"逆向"运行。这种"逆向"调查"法则"，说穿了是以调查之名行主观意志之实，其结果只能是与实实在在和真真切切背道而驰。

调查中要带着"感情"而非"感性"。"价值中立"是衡量调查者素养的一个重要标准，是确保调查结果客观公正的重要保证。但是"价值中立"不等于没有感情，也不等于可以感性。研究者对某一群体或领域感情越深厚，越会促使其在调研过程中克服一切困难，弄清事情真相，把问题搞明白，将根源探究准，找出相对应的对策。当然感情不等于感性，在具体调查研究的过程中仍要坚持实事求是的科学态度，按照科学的调查研究方法收集资料、了解信息，确保调查研究结果的真实性、公正性及有效性。

调查中要真真正正带着"身子"而非"架子"。在调查研究过程中，各位专家学者只有扑下"身子"，走进第一线，走入社区群众中，才能了解到最全面的信息；只有放下"架子"，才能获得最真实的信息，才能为正确决策提供准确的依据。研究鄂尔多斯的专家学者在调查研究过程中更要保持不怕脏、不怕苦、不怕累、不嫌远的心态，坚持爱民、谦虚、务实、低调的作风。

调查后要带回第一手"资料"而非"材料"。要写出一篇好的调查报告，资料的收集是最基础的工作，因此要通过多层次、多方位、多渠道调查，掌握大量第一手资料。调研过程中要注重调查方法的多样性、调查对象的广泛性，设计各种类型的问题，了解各个阶层不同的声音。

调查后要带回深思熟虑的"思考"而非"思绪"。调查研究的过程，其实就是一个深入思考问题的过程。调查研究结束后，调研者对原来的问题的假设会有新的思考。一些专家学者不愿积极思考问题，在整个调查研究过程中是被动的，其调查结果必定是对调研过程"好的方面"的回味和思考，对"不好的方面"的反思。正确的思考应该是既看到发展的脉络、成功的经验，也看到存在的问题及各种根源，更看出解决问题的途径和办法。

调查后要着手系统"研究"而非"总结"。调查研究要达到解决问题的目的，就必须实现"调查—研究—决策—落实"全过程的统一。不仅要搞好调查，而且要在分析研究上下功夫，在利用调研成果上做文章；不仅要搞好为决策提供依据的超前性调查研究，还要注意在决策执行和落实环节的追踪反馈调查。

调查报告既包括"研究"更应当"讲究"。深入开展调查研究后，必须坚持"调""研"并重，做到"研以致用"。调查后不仅要研究调查资料背后的规律，更要讲究调查资料基本的处理三步法：综合、分析、提炼。当然，调查研究报告的价值关键在于对情况的掌握是否全面准确，对问题及原因的分析是否科学到位，提出的对策建议能否解决实际问题。

五、数据分析法

鄂尔多斯学的研究重点应该是发现并找出鄂尔多斯这个地区的特殊性及其形成的原因和规律，以解决当下和今后需要解决的问题。因此，在鄂尔多斯学的研究中，必然涉及许多定量分析的内容，这就应当使用数据分析法。

（一）大数据分析法

社科研究中常用的大数据分析法有 4 种：描述型分析、诊断型分析、预测型分析和指令型分析。所谓描述型分析是研究发生了什么。这是最常见的分析方法。在研究中，这种方法向数据分析师提供了重要指标和业务的衡量方法。所谓诊断型分析是研究为什么会发生。通过评估描述型数据，诊断分析工具能够让数据分析师深入地分析数据，钻取到数据的核心。所谓预测型分析是研究可能发生什么。预测型分析主要用于进行预测。预测事件未来发生的可能性、预测一个可量化的值，或者是预估事情发生的时间点，这些都可以通过预测模型来完成。预测模型通常会使用各种可变数据来实现预测。数据成员的多样化与预测结果密切相关。在充满不确定性的环境下，预测能够帮助做出更好的决定。预测模型也是很多领域正在使用的重要方法。所谓指令型分析是研究需要做什么。数据价值和复杂度分析的下一步就是指令型分析。指令模型基于对"发生了什么""为什么会发生"和"可能发生什么"的分析，来帮助用户决定应该采取什么措施。通常情况下，指令型分析不是单独使用的方法，而是前面的所有方法都完成之后，最后需要完成的分析方法。

（二）对比分析法

对比分析法指通过指标的对比来反映事物数量上的变化，属于统计分析中常用的方法。常见的对比有横向对比和纵向对比。横向对比指的是不同事物在固定时间上的对比。纵向对比指的是同一事物在时间维度上的变化。

（三）预测分析法

预测分析法是对人们所从事的社会经济活动可能产生的经济效果及其可能的发展趋势，事先提出科学预见的一种分析方法。预测分析方法随着分析对象的不同而有所区别，基本上可归纳为定量分析法和定性分析法两种。定量分析是根据过去比较完整的统计资料，运用预测变量之间存在的某种关系，如时间关系、因果关系和结构关系等，使用现代数学的方法，建立模型，进行计算分析得出预测结果。通常包括指数平滑法、趋势外推法、季节指数预测法、回归分析法、投入产出法、经济计量模型法等。定性分析是在调查研究的基础上，依靠预测人员的经验和知识，对预测对象进行分析和判断，据以得出预测结论的方法。预测分析是决策分析的基础，是决策科学化的前提条件。没有准确科学的预测，不可能有符合实际的科学决策。实践中，一般将定性和定量分析方法结合使用。预测分析法主要基于当前的数据，对未来的数据变化趋势进行判断和预测。预测分析一般分为两种：一种是基于时间序列的预测；另一种是回归类预测，即根据指标之间相互影响的因果关系进行预测。

（四）回归分析法

研究者在掌握大量观察数据的基础上，利用数理统计方法建立因变量与自变量之间的回归关系函数表达式（也称回归方程式）。回归分析法不能用于分析与评价工程项目风险。回归分析中，当研究的因果关系只涉及因变量和一个自变量时，叫作一元回归分析；当研究的因果关系涉及因变量和两个或两个以上自变量时，叫作多元回归分析。根据自变量的个数，可以是一元回归，也可以是多元回归。此外，回归分析中，有依据描述自变量与因变量之间因果关系的函数。表达式是线性的还是非线性的，分为线性回归分析和非线性回归分析。根据所研究问题的性质，可以是线性回归，也可以是非线性回归。通常线性回归分析法是最基本的分析方法，遇到非线性回归问题可以借助数学手段化为线性回归问题处理。回归分析法预测是利用回归分析方法，根据一个或一组自变量的变动情况预测与其有相关关系的某随机变量的未来值。进行回归分析需要建立描述变量间相关关系的回归方程。社会经济现象之间的相关关系往往难以用确定性的函数关系来描述，它们大多是随机性的，要通过统计观察才能找出其中规律。回归分析是利用统计学原理描述随机变量间相关关系的一种重要方法。

（五）因子分析法

因子分析的基本目的就是用少数几个因子去描述许多指标或因素之间的联系，即将相关比较密切的几个变量归在同一类中，每一类变量就成为一个因子，以较少的几个因子反映原资料的大部分信息。

（六）聚类分析法

聚类分析是指将物理或抽象对象的集合分组为由类似的对象组成的多个类的分析过程。聚类分析是一种重要的人类行为，聚类就是按照某个特定标准（如距离准则）把一个数据集分割成不同的类或簇，使得同一个簇内的数据对象的相似性尽可能大，同时不在同一个簇中的数据对象的差异性也尽可能地大。即聚类后同一类的数据尽可能聚集到一起，不同数据尽量分离。社科研究中常用的聚类方法有快速聚类（迭代聚类）和层次聚类。

六、系统分析法

系统分析法来源于系统科学。系统分析法从系统的着眼点或角度去考察和研究整个客观世界，为人类认识和改造世界提供了科学的理论和方法。它的产生和发展标志着人类的科学思维由主要"以实物为中心"逐渐过渡到"以系统为中心"，是科学思维的一个划时代突破。系统分析是咨询研究的最基本的方法，研究者可以把一个复杂的咨询项目看成为系统工程，通过系统目标分析、系统要素分析、系统环境分析、系统资源分析和系统管理分析，可以准确地诊断问题，深刻地揭示问题起因，有效地提出解决方案和满足客户的需求。

系统分析法的具体步骤包括：限定问题、确定目标、调查研究收集数据、提出备选方案和评价标准、备选方案评估和提出最可行方案。

第一，限定问题。所谓问题，是现实情况与计划目标或理想状态之间的差距。系统分析的核心内容有两个：其一是进行"诊断"，即找出问题及其原因；其二是"开处方"，即提出解决问题的最可行方案。所谓限定问题，就是要明确问题的本质或特性、问题存在范围和影响程度、问题产生的时间和环境、问题的症状和原因等。限定问题是系统分析中关键的一步，因为如果"诊断"出错，以后开的"处方"就不可能对症下药。在限定问题时，要注意区别症状和问题，探讨问题原因不能先入为主，同时要判别哪些是局部问题，哪些是整体问题，问题的最后确定应该在调查研究之后。

第二，确定目标。系统分析目标应该根据研究的要求和对需要解决问题的理解加以确定，如有可能应尽量通过指标表示，以便进行定量分析。对不能定量描述的目标也应该尽量用文字说明清楚，以便进行定性分析和评价系统分析的成效。

第三，调查研究收集数据。调查研究和收集数据应该围绕问题起因进行，一方面要验证有限定问题阶段形成的假设，另一方面要探讨产生问题的根本原因，为下一步提出解决问题的备选方案做准备。调查研究常用的有四种方式，即阅读文件资料、访谈、观察和调查。收集的数据和信息包括事实、见解和态度。要对数据和信息去伪存真，交叉核实，保证真实性和准确性。

第四，提出备选方案和评价标准。通过深入调查研究，使真正有待解决的问题得以最终确定，使产生问题的主要原因得到明确，在此基础上就可以有针对性地提出解决问题的备选方案。备选方案是解决问题和达到咨询目标可供选择的建议或设计，应提出两种以上的备选方案，以便提供进一步评估和筛选。为了对备选方案进行评估，要根据问题的性质和研究具备的条件，提出约束条件或评价标准，供下一步应用。

第五，方案评估。根据上述约束条件或评价标准，对解决问题备选方案进行评估，评估应该是综合性的，不仅要考虑技术因素，也要考虑社会经济等因素，评估小组应该有一定代表性，除咨询项目组成员外，也要吸收研究组织的代表参加。根据评估结果确定最可行方案。

第六，提交最可行方案。最可行方案并不一定是最佳方案，它是在约束条件之内，根据评价标准筛选出的最现实可行的方案。如果研究方满意，则系统分析达到目标。如果研究方不满意，则要与研究方协商调整约束条件或评价标准，甚至重新限定的问题，开始新一轮系统分析，直到研究方满意为止。

七、多学科综合研究法

鄂尔多斯学的发展呈现出在地方志基础上与不同学科相互融合、相互渗透、相互影响的趋势，其中一个突出的表现就是研究方法的相互借鉴。各种不同的方法既有其优点，也有其不足之处，只有使用多种研究方法，才能从多个角度来对问题进行全面的研究，才能得到科学的结论。

运用多学科的理论、方法和成果从整体上对某一问题进行综合研究的方法，也称"交叉研究法"。科学发展运动的规律表明，科学在高度分化中又高度综合，形成一个统一的整体。据有关专家统计，世界上有2000多种学科，而学科分化的趋势还在加剧，但同时各学科间的联系愈来愈紧密，在语言、方法和某些概念方面，有日益统一化的趋势。多学科研究方法是现代新兴学科的催产剂，是学科迅速生长的公用养料，也是成熟学科的"外援"。

鄂尔多斯学研究对象丰富且多样，涉及经济、政治、文化、社会、生态等多个方面的内容，鄂尔多斯学是在鄂尔多斯地方志基础上研究其发展规律的科学。鄂尔多斯从古至今在祖国大家庭中就是一个富有传奇特点的地方。鄂尔多斯地区是一个较大且相对完整的系统，包括若干个子系统，各系统之间相互联系、相互促进又相互作用、相互制约。所以研究鄂尔多斯应当根据课题或项目的特点、性质和对象，选择运用一定的研究方法。

研究方法是研究者从大量的认识和实践活动当中形成的，特别是直接产生在实践基础上的认识活动中所获得的结果——知识。因此，研究方法通常是要与一定的研究内容相适应的，也就是与研究内容有一致性的问题。研究方法与研究内容的关系可以比拟成主观与客观的关系，研究方法是人们在以实践为基础上形成的主观意识，而研究内容是客观存在的。在某一种具体方法使用的过程中，研究者既要对研究方法的"性能"有充分的认识，也要对研究内容的特点有所把握，以避免研究方法与研究内容的"互斥"。如社会观测方法是以社会为其研究内容的，而自然观测方法则是以自然界为其研究对象。它们之间有相通之处，如都有其客观感性的形式和客观规律可循。但由于社会是由有意识、有目的活动的人组成的，而自然界则由无意识的自然存在物构成，两者不能简单等同。从介入程度来看，研究观测者只能从外部来观测自然现象；而在社会观测过程中，研究观测者从事社会调查，往往要深入观测对象中。从时态特点来看，自然观测大多是在共时态意义上进行的；而社会观测除了做共时态的静态观测外，还需要进行历时态的动态观察。从价值特性来看，自然观测中，研究观测主体容易保持价值中立；而社会观测中，主客观双方互相缠绕，观测活动往往具有非中立价值性。从环境调控角度看，在自然观测中，实验的条件往往可以严格控制；而社会观测中，试验具有非完全受控性。

从鄂尔多斯学的研究过程中不难看到，现代地方学的发展呈现出一个杂交化、整体化的发展趋势，学科间的交叉与整合日益加强，学科间相互融合、相互渗透、相互影响的趋势日益凸显，其中一个突出的表现就是研究方法的相互借用、相互促进，从而实现相互借鉴。研究方法的创新，将为各学科的理论发展提供有力的保障，同时也依赖于理论的指导。各种不同的方法既有其优点，也有其不足之处，只有使用多种研究方法，才能从多个角度来对问题进行全面的研究，才能得到科学的结论。如分析法是对把客观对象的整体分解为一定部分、单元、环节、要素并加以认识的思维方法。它的优点是可以深入事物的内部，从各个不同的侧面研究各个细节，为从整体上认识事物积累材料。但分析法有一定的局限性，由于它割裂事物的联系而局限于要素或部分的研究，其结果往往使研究者形成一种孤立、静止、片面看问题的习惯，缺乏对事物整体的认识。正如辩证法大师黑格尔说过的，用分析方法来研究对象就好像剥葱一样，将葱一层层地剥掉，但原葱已不存在了。综合法是在分析的基础上对客观事物一定部分、单元、环节、要素的认识有机地联系起来，形成对客观事物统一整体认识的思维方法。它是从抽象的规定上升到思维的具体，从已知推广到未知的科学发现方法；它的不足是无法认识事物的各个细节。分析是综合的前提和基础，综合是分析的发展和提高，所以人们在使用时通常将两种方法共同使用，取得比单独使用一种方法更好的效果。

地方学研究过程中，通常是分阶段进行的，在不同的阶段应该选择不同的研究方法来完成相应的研究任务。选题阶段可以通过观察法、文献调查法、历史研究法等来获取相关的数据，进而保持所选课题的学术价值、社会价值和经济价值等。调研文献阶段可以借助问卷调查法、文献调查法，从各种期刊、图书、档案等传统文献和现代的光盘、网络等新型资源当中，查找相关的学术信息、研究成果。在提出假说和构建理论阶段，可以借助公理化方法、从抽象到具体方法、历史与逻辑相统一方法等，将自己的想法和观念通过符号化而成为显性信息。在推出研究成果阶段，可以借助数学方法或统计方法把相关的数据或理论以文字、图表甚至是影像的方式实现成果的表现。为了进行一项科学研究，在酝酿科学思想和设计研究方案的准备阶段，往往需要非常规的直觉、想象或猜测；而付诸实施时，就要运用常规的研究方法。但在常规的研究过程中，有可能发现偶然的新现象，此时则需要运用非常规的方法进行捕捉和运用常规的方法进行深入的追踪研究。

综上所述，研究方法既有利于推进社会进步与科学发展，又有利于各门学科的可持续发展，还有利于学术规范的逐步形成，更有利于学科建设与时俱进。从鄂尔多斯学的研究过程可见任何一项研究都离不开研究方法的支撑。没有研究方法的科学研究是不存在的，没有研究方法，其研究就成了无源之水、无本之木，就不是真真正正的研究。因此，要想做好地方学的研究工作，取得比较好的研究成果，研究者必须科学使用恰当的研究方法。

第六章　鄂尔多斯学研究的功能与作用

　　鄂尔多斯学研究会创办之初，确立了"立足学术，服务建设，创新机制，着眼发展"的办会宗旨，2019 年，奇海林会长提出了鄂尔多斯学研究会的 5 大特点："因时代而立、因作为而兴、因交流而跃、因个性而美、因文化而强。"两次表述，都是对鄂尔多斯学研究功能与作用的归纳和阐释，体现出鄂尔多斯学研究功能和作用的不断充实和完善。

　　鄂尔多斯学，是一门区域性综合研究的学问。鄂尔多斯学研究会是在改革开放的大潮推动下，鄂尔多斯地区发展即将步入快车道关键阶段应运而生的社会学术组织。鄂尔多斯学研究会担负起了为鄂尔多斯经济发展与文化建设研究与服务的功能和作用。党的十八大以来，鄂尔多斯学研究会需要更加明确对于鄂尔多斯发展所应发挥的功能和作用，更好地服务于鄂尔多斯经济社会与文化建设的高质量发展，贡献出更大的智慧与力量。

一、鄂尔多斯学研究的功能

　　鄂尔多斯学研究，立足鄂尔多斯，研究鄂尔多斯，服务鄂尔多斯，就是要发挥出研究与服务鄂尔多斯地方发展的功能，同时鄂尔多斯学还"因交流而跃"，又具有了不可或缺的交流功能。因此，鄂尔多斯学的功能作用就具备了研究、服务和交流三大特征。

（一）研究功能

研究功能是鄂尔多斯学的基本功能。作为一个地方性综合研究学术组织构建的学术研究平台，首要任务就是对于地方的研究，只有研究，才会梳理历史脉络，总结时代经验，探索未来发展，在综合研究的基础上才有鄂尔多斯学研究扎实的研究成果和社会实践，才会产生出强有力的学术价值和影响力。

1. 梳理历史脉络

历史是社会发展的写照，以史为鉴，梳理历史，树立正确的历史观，是探索社会历史发展规律的需求，也是探源中华优秀传统文化的不竭源泉，更是增进各民族对中华民族共同体的高度认同、树立正确的中华民族历史观的重要途径之一。

鄂尔多斯地区从旧石器时代晚期开始了人类历史的创造，从朱开沟文化开始了游牧与农耕两大文化的交往、交流、交融，成为我国北方古代文明发祥地之一，成为中国统一多民族国家形成时最初的历史篇章，"这里又是这种各民族交往交流、你来我往，相互竞争、相互依存的紧密关系从未间断，特别是中原中华传统经济文化对这一地区产生巨大吸引力和辐射力，因之成了多民族不断聚集之地。这些先后出现在鄂尔多斯的众多民族，或长或短、或多或少参与了这个地区的开发，包括农业、畜牧业、手工业、城镇交通、工商贸易、边塞工事及各类文化的汇集及地域文化的形成，他们共同开发了鄂尔多斯，共同创造了鄂尔多斯的文明。也正因为如此，鄂尔多斯地区的各民族与国家命运紧密相连，从来都是中国统一多民族国家和中华民族形成发展中的重要组成部分"。"这种民族关系建立在各民族对中华民族共同体高度认同的基础上，历经考验，牢不可破，成为不断创造中华文明的内在动力。这是中华民族历史观的基本内涵，也是我们研究和认识鄂尔多斯历史要把握的基本观点和基本结论"[1]。鄂尔多斯学研究会从某种意义上讲，是从鄂尔多斯历史研究开始的，直到现在对于历史的研究依然是一个重要领域。20 年来，在历史研究方面产生出一大批研究成果，诸

---

[1]　陈育宁：《鄂尔多斯学认知观》，《鄂尔多斯学研究》2022 年第 1 期。

如《鄂尔多斯史论集》,[1]《草原敦煌——阿尔寨石窟探秘》,[2]《鄂尔多斯盐业史》,[3]《口述历史——鄂尔多斯"独贵龙"与反洋教》,[4]《鄂尔多斯历史研究》,[5]《伊金霍洛史迹拾遗》,[6]《鄂托克旗史迹拾遗》。[7]《鄂尔多斯大辞典》。[8] 也有较大篇幅的历史内容。这些研究从历史的不同阶段、不同角度,从研究的不同方式、不同成果出发,对鄂尔多斯历史文化做了研究,取得了较大的成果。

2. 总结时代经验

鄂尔多斯学研究会创始人奇·朝鲁先生在《鄂尔多斯学与地方学》中提出:"鄂尔多斯学是地方学。地方学,就是一个地区长期形成的有自己独特特征、自成体系、有自身规律的专门学问;是把国内某一地区作为相对独立的研究对象,除了涉及该地区的地理、历史、人文、民族等之外,揭示该地区在现阶段的生存状况和发展方式等诸多方面所呈现的特点。"

鄂尔多斯学创立的时代,正是一个百年未有之变革的时代,世界在发生极大的变化,中国改革开放带来了巨大变化,鄂尔多斯在改革开放中同样发生了翻天覆地的变化。陈育宁教授在《鄂尔多斯学认知观》中讲道:"改革开放以来的实际表明,鄂尔多斯由封闭走向开放,由生态恶化走向绿色大市,由贫困走向富裕,开创了资源转换新发展模式,为西部民族地

1　陈育宁著,《鄂尔多斯史论集》,银川:宁夏人民出版社,2002年。

2　潘照东主编,《草原敦煌——阿尔寨石窟探秘》,内蒙古新经济研究会,鄂尔多斯学研究会,2002年。

3　牧人、袁宪金编著,奇·朝鲁主编,《鄂尔多斯盐业史》(鄂尔多斯学研究丛书),呼和浩特:内蒙古人民出版社,2004年。

4　陈育宁著,奇·朝鲁主编,《口述历史——鄂尔多斯"独贵龙"与反洋教》(鄂尔多斯学研究丛书),呼和浩特:内蒙古人民出版社,2005年。

5　奇·朝鲁主编,《鄂尔多斯历史研究》(鄂尔多斯学研究成果丛书),呼和浩特:内蒙古出版集团、内蒙古人民出版社,2012年。

6　张子珍主编,甄自明编著,《伊金霍洛史迹拾遗》,内蒙古人民出版社,2017年。

7　尚二平、杨勇主编,甄自明编著,《鄂托克旗史迹拾遗》,内蒙古大学出版社,2021年。

8　鄂尔多斯大辞典编纂委员会主编,《鄂尔多斯大辞典》,内蒙古人民出版社,2009年。

区经济社会发展提供了示范和新经验，鄂尔多斯地区各族人民都是这一历史巨变的受益者。在这个转型变化过程中，鄂尔多斯学研究会作为亲历者、见证者，抓住不同发展阶段涉及全局的重点问题，深入调查研究，提出建议方案，诸如生态重建、二次创业、脱贫致富、小康达标、城镇建设、文化创意、产业转型、黄河'几'字弯高质量发展等问题，作为立项支持和研讨的重点，力求用自己的研究成果做好服务咨询工作。"近年来，鄂尔多斯学研究会更加注重把握时代脉络，总结时代经验，做出有时代特色的研究与服务。

3. 探索未来发展

社会发展永不停息，我们今天在加快奋进步伐的同时，也更加需要探索未来发展的目标、路径和方式。鄂尔多斯地区的发展，已经成为内蒙古"稳"的压舱石，"进"的排头兵，未来肩负的重任不仅关乎地区自身的发展，也关乎全区的发展状况，也会在有限领域影响到更大的范围。对于鄂尔多斯经济社会发展、文化建设与繁荣、生态保护与高质量发展的未来期待和预测，从战略发展的角度，从宏观研究的角度等诸多方面，都是鄂尔多斯学需要着重关注的研究领域。在过去的 20 年，鄂尔多斯学研究会一直在不间断地进行未来战略发展的调查研究与理论探索。进入新时代以来，自治区对鄂尔多斯提出了更高的要求、更大的目标，为此，鄂尔多斯提出了"走好新路子，建设先行区"的战略目标，在这样重要的时代背景下，鄂尔多斯学研究会勇于承担重任，主动研究和探索鄂尔多斯未来发展战略目标任务。

4. 构建研究平台

鄂尔多斯学研究作为一门区域性学问，开展的是地区综合性研究，涵盖历史、文化、经济、生态、社会、科技等自然与人文研究的多学科、多领域。鄂尔多斯学研究的优势体现在对于地区性研究的认知度高、敏感度大、对策性强，可以采取"多兵种作战"集团化方式进行综合性研究、全覆盖式研究。正因如此，鄂尔多斯学研究会成为一个学术研究的平台，这一平台供各种学科的专家学者、仁人志士对鄂尔多斯地区的方方面面开展研究，进行探索，奉献智慧。

鄂尔多斯学研究会的平台所具有的特点，第一是实行了会员管理制度。会员的形式，凝聚了一大批有志于鄂尔多斯学研究的本土专家学者和相当一部分爱好者，加入研究会的队伍中来；第二是独创了专家委员会制度。鄂尔多斯学研究会在建立之初，创新设立了专家委员会制度，构建了一整套专家管理办法和组织方式，凝聚了一大批自治区和全国的专家学者，共同开展鄂尔多斯学研究，发挥他们的各学科专长，各种学术优势，各项研究成果，各方面智库作用，共谋鄂尔多斯发展。鄂尔多斯学研究会会员制度和专家委员会制度两个学术研究机制的形式，构建了独具特色的研究平台，为鄂尔多斯经济社会和文化建设与发展作出了突出贡献。

5. 创建研究体系

20年来，鄂尔多斯学研究会致力于学术研究与应用服务，将理论研究与实践应用紧密地结合在一起，为鄂尔多斯改革开放贡献了学术型社会组织的一份力量。鄂尔多斯学研究会之所以具有了这样的力量，具备了这样的能力，可以为地方社会发展做贡献，一个重要的方面是源于鄂尔多斯学自身研究体系的建设，保障了鄂尔多斯学研究会可持续发展，并且获得颇丰成就。

鄂尔多斯学研究会成立之初，即注重研究体系建设，从最初的不成熟到逐渐成熟和完善，在过程中不断摸索，不断修正，产生出了较为系统、完整、简明的办会及研究体系。鄂尔多斯学研究会确立的目标是"创品牌地方学，建和谐研究会"，制定的会旨是"立足学术，服务建设，创新机制，着眼发展"，研究会的理念是"举社会之力，办大众之事"，坚持的会风是"向心，奉献，低调，务实，节俭，高效"，鄂尔多斯学研究会的特点是"因时代而立，因作为而兴，因交流而跃，因个性而美，因文化而久"，鄂尔多斯学研究特征由"知识体系＋应用服务"，延伸到"思想体系、知识体系、话语体系"的构建。鄂尔多斯学，作为一门区域性综合学问，争创成为一门地方学研究特征的学科体系。

（二）服务功能

服务于社会大众，服务于时代召唤，是鄂尔多斯学研究会的重要功能之一。多年来，鄂尔多斯学研究会以党中央和地方发展的中心工作和任务为出发点，立足鄂尔多斯，服务鄂尔多斯，为鄂尔多斯各级党委、政府理论研究与实践应用提供决策咨询，建言献策，为各级部门和基层组织提供理论支持与实践指导，为鄂尔多斯生态保护与高质量发展，为鄂尔多斯走好新路子，建设先行区，迈向新征程，贡献鄂尔多斯学研究会的文化力量和智库作用。

1. 服务政府功能

鄂尔多斯学研究的一项重要功能，是做好地方经济社会发展的咨询和智库工作。所以，鄂尔多斯学具有研究历史与现实，服务地方党委、政府和部门，服务城乡社会大众的基本职责和功能。提供服务的方式有:（1）深入研究和解读习近平新时代中国特色社会主义思想，研究和解读党中央各项重大战略决策和方针政策，围绕市委、市政府提出的重大战略任务和中心工作开展研究，同时经常性开展主题调查研究，针对性提出决策咨询建议和意见，形成研究报告、议案提案、理论性文章等，提交党委、政府，供决策咨询。（2）为市旗（区）党政部门在贯彻落实国家和地方政策方针，实施战略工程和任务中开展理论指导和应用服务，如举行理论辅导、学术讲座、主题调研，提出精准对策和具体建议。（3）在旗（区）各乡镇（苏木、社区），甚至于村（嘎查）等基层单位，开展政策性宣传，理论性辅导，特别是针对城镇建设和发展方向和目标，提出具体发展定位、路径目标和实施意见，针对瓶颈式问题进行把脉问诊，对症建言，精准性研究，落地式服务。

2. 文化建设功能

鄂尔多斯文化丰富多彩，数千年来始终是中原农耕文化与北方各民族文化相互交往、交流、交融的地带，形成了独具特色的鄂尔多斯融合文化特征。改革开放以来，鄂尔多斯文化建设加快了步伐，以铸牢中华民族共同体意识为主线，以中华优秀传统文化为灵魂与根脉，挖掘历史文化、区域性文化、红色文化、生态文化、民间民俗文化，将文化建设与经济建设、生态建设、城市建设和精神文明建设紧密地联系在一起，以新时代文化建设标准和要求，进行战略性研究规划，全局性布局实施，提出鄂尔多斯文化特色、亮点，打造全新的鄂尔多斯文化品牌。鄂尔多斯学研究会自始至终都参与到了鄂尔多斯文化建设的队伍中来，发挥着学术型社会组织的优势和作用。

鄂尔多斯文旅融合发展，在文旅产业领域产生出前所未有的蓬勃发展局面，鄂尔多斯全域旅游、景区景点旅游、城市时尚旅游，均走在了全区前列，成吉思汗陵旅游区、响沙湾休闲度假旅游区、康巴什城市旅游区、鄂尔多斯草原旅游区和苏泊罕大草原旅游区，共同编织成为祖国北疆旅游的一道亮丽风景线。鄂尔多斯文创产业富有独创性、地域性和时尚性，以鹰形金冠、鄂尔多斯青铜器等文物原型，创新设计开发的文创产品，文化创意性极强，市场接受度较高，深受游客喜爱，频获国内大奖。鄂尔多斯学研究会作为智库与创意平台，在此贡献出了重要的智慧与智库作用。

3. 科普宣传功能

鄂尔多斯学研究会是内蒙古自治区和鄂尔多斯市社科普及基地、自治区社会科学界联合会直属学会，是自治区社会科学界联合会授予的"内蒙古沿黄生态保护与高质量发展智库联盟"项目单位，社科普及是研究会的一项重要职责和使命。鄂尔多斯学研究会在社科普及方面主要任务是认真学习、宣传和解读习近平新时代中国特色社会主义思想，坚持开展铸牢中华民族共同体意识，构建中华民族共有精神家园，增进民族团结进步的科学知识普及理论宣讲活动，开展建设亮丽内蒙古，共圆伟大中国梦，进入新时代鄂尔多斯走好新路子，建设先行区的思想理论普及和宣传教育活动。鄂尔多斯学研究会社科普及工作，充分利用会员和专家资源以及他们遍布全市城乡的特点，突出学术型社会组织的特长，以通俗易懂的理论宣讲、深入基层的调研指导、报刊网络文化阵地的科普宣传等方式，凸显鄂尔多斯学研究会的社科普及功能特征。

4. 培育人才功能

鄂尔多斯学研究，需要人才，需要地方学研究人才，特别需要多学科、多领域的地方学研究人才。因此，鄂尔多斯学研究会 20 年来始终把建立专业化人才队伍，凝聚多学科专家学者的工作放在第一位。众所周知，鄂尔多斯地处祖国北部边疆，虽然有着丰富的历史文化资源，有着生机勃勃的发展活力，但是，人才匮乏是桎梏地区发展的重要因素，鄂尔多斯学研究队伍建设同样存在着类似的困境。为了排除人才短缺的困难，建立一支既能开展理论研究，又可以进行实践应用服务的人才队伍，鄂尔多斯学研究会想方设法，采取措施，培育团队人才。第一，通过会员制、专家委员会的组织形式，维系一大批可用的人才；第二，以落实到人的项目和课题制，带动人才进步和成长；第三，以老中青三结合的方式，发挥老专家、老学者、老同志的学术优势和工作经验，以传帮带的方式，培育和锻炼青年学者的成长；第四，通过学术交流、外出考察、安排调研等多种方式，让专家学者开阔视野，提升站位，充分了解地方学研究的方法、特点和规律，以达到地方学研究所应具备的理论水平和应用服务能力。鄂尔多斯学研究会通过这一系列的措施和办法，在摸索与实干中培育人，在研究与服务中锻炼人，经过 20 年的锤炼，鄂尔多斯学研究会建立起了一支能干、实干、干得好、出成果的人才队伍，既达到了人才队伍可持续发展的目的，又实现了人才培养利用的功能作用。

5. 地方文献阵地

鄂尔多斯深厚的历史文化底蕴、丰富多彩的区域文化特征、生机勃勃的时代文化激情，累积厚发至深，研究成果卓著，存留有相当数量的文献资料，谱写出可观的讴歌新时代的书卷，包括图书、画册、报纸、刊物等纸质文献，还有照片、录像、录音等音像档案资料和出版物，其中有大量珍贵的地方文献资料。但是这样一些资料多数散落在民间，很少集中保存，随着时间的推移将会失散损毁，留下诸多遗憾和文化的缺失。作为地方学研究机构，同样也有着收集存档地方文献方面的使命和责任，进而以提供地方文献检索阅览服务于专家学者和爱好者。

（三）交流功能

鄂尔多斯学研究会"因交流而跃"，突出了交流的功能价值，强调了交流对于鄂尔多斯学研究会来讲，带来了活力，带来了可持续发展的动力。

交流的功能，在鄂尔多斯学研究会 20 年的历程中值得推崇和赞扬，其效应已经有了极大的表现，鄂尔多斯学研究会因交流而促进了自身建设的壮大，因交流而在国内外地方学与地方文化研究领域具有了一定的品牌影响力。

1. 构建交流平台

"流水不腐，户枢不蠹"，交流是鄂尔多斯学研究的重要方式。鄂尔多斯学研究会的性质是一个学术型社会组织，是立足鄂尔多斯，研究鄂尔多斯，服务鄂尔多斯的学术机构，所有在这个机构里的研究与服务，都是社会有识之士，都是各领域专家学者。所以，研究会为研究者与服务者搭建出一个共同开展学术沟通、交流、研究的阵地。鄂尔多斯学研究会以会员制和专家委员会等多样性活动形式，以对内对外的学习考察交流的方式，以举办各种类型学术研讨会议的契机，以实施项目研究调查的活动，搭建交流平台，以平台方式发挥出学术研究和服务的交流功能。

2. 学术互动交流

地方学是一门新兴的区域性研究学问，一方面缺乏系统性研究方法与成果，另一方面也受到区域性研究局限，相互之间在学术研究上既有共同性，又有极大的差异性，面临着各自为政，又急需突破的局面。正因如此，各地方学研究都在互相关注、互相借鉴、互相交流，形成了强烈的机构之间、专家之间的互动愿望。改革开放以来，全国地方学与地方文化研究机构雨后春笋般兴起，2005 年鄂尔多斯学研究会等 6 个地方学研究机构发起成立了中国地方学研究联席会，首次为全国地方学搭建了相互交流的平台，在这一平台的维系与运作中，极大地促进了全国地方学的建立与发展，培养出一大批专家学者，建立了前所未有的一系列地方学和地方文化研究机构，产生出非常丰富与高质量的地方学研究成果和服务成果，越来越受到全社会的重视和支持。鄂尔多斯学研究会与全国地方学研究机构长期以来始终保持着密切联系，开展较为频繁的学术互动，而且，鄂尔多斯学研究会采取积极主动的方式，开展各式各样的学术活动，学术交流功能凸显。

二、鄂尔多斯学研究的作用

鄂尔多斯学研究的作用，在 20 年的学术研究与实践服务中逐渐产生和形成，而且，随着研究成果的丰富，服务能力的增强，发挥的作用越来越大，影响力也越来越强，充分体现出鄂尔多斯学研究会的初心使命，展示出一个学术型社会组织的责任担当，为鄂尔多斯地方发展，为中国地方学壮大做出积极贡献。纵观鄂尔多斯学及其研究会的作用和力量，主要有如下九个方面。

（一）研究与服务的两大要素，确立了研究会核心理念

鄂尔多斯学研究会的核心理念是研究与服务，从创建之初，鄂尔多斯学研究会始终坚守立足鄂尔多斯、研究鄂尔多斯、服务鄂尔多斯的理念不动摇，着力于理论研究与实践应用并重的路径，在以学术理论研究为基础的同时，积极创建和创新对社会服务的功能，紧扣时代发展的脉搏，主动嵌入服务于改革开放的洪流。诚如鄂尔多斯学研究会首任会长奇·朝鲁所言："凝心研究的成果是聚力服务的资本，聚力服务的效果是凝心研究的价值体现。凝心研究、聚力服务是硬功夫，是正能量。是"润物细无声"的慢功、长期发挥作用的隐功、以文育人的文功。真正凝心聚力方可见到长效的精功。鄂尔多斯学是一门研究鄂尔多斯，服务鄂尔多斯的社会应用性学问。凝心研究鄂尔多斯知识体系，聚力服务于鄂尔多斯社会实践，是构成鄂尔多斯学不可或缺的一体之两翼"[1]。20 年来，鄂尔多斯学研究会在研究领域产生出《鄂尔多斯大辞典》《鄂尔多斯学概论》等代表性研究成果。在实践应用上多层次服务鄂尔多斯经济社会发展与文化建设，如总结提升"鄂尔多斯模式"，将改革开放以来"三次跨越转型"的鄂尔多斯发展，树立为西部大开发中践行科学发展观的典型样板；发起和推动在阿尔寨石窟加强文物保护与文化传承，使其在较短时间内特批为第五批全国重点文物保护单位；加强对成吉思汗陵旅游开发研究，提出大成吉思汗陵文化旅游

1　奇·朝鲁：《凝心研究　聚力服务》，《鄂尔多斯学研究》2022 年第 2 期。

格局的概念，提升了鄂尔多斯文化旅游核心竞争力。诸多案例说明，研究与服务理念是鄂尔多斯学研究会办会的法宝之一，研究与服务理念也奠定了鄂尔多斯学研究的高质量发展水平。

（二）地方学研究体系的探索，迈出了学科建设新步伐

鄂尔多斯学经过20年的地方学体系研究与建设，正在迈向学科体系建设的奋斗目标。众所周知，鄂尔多斯学及其研究会的诞生，始于一种情怀，落地于一众热爱鄂尔多斯家乡、有志于鄂尔多斯文化建设与发展的仁人志士。但是，鄂尔多斯学一经提出，便开始了对于这门学问的不断探索，开始构建其学术研究体系。正如鄂尔多斯学的倡导者、首任会长奇·朝鲁先生所概括的："鄂尔多斯学的提出和创建，是对鄂尔多斯人文资源的丰富性、独特性给予了新的认识和评价；是对鄂尔多斯地域及民族特色文化资源和文化体系的一个新概括，建立起一个新的知识架构。"[1]同样是鄂尔多斯学的倡导者、鄂尔多斯学研究会首任专家委员会主任的陈育宁教授，对此认为"这是对鄂尔多斯学的一个基本定位"。

2012年，鄂尔多斯学研究会成立10周年之际，由奇·朝鲁和陈育宁主编的《鄂尔多斯学概论》中，对鄂尔多斯学的主要内涵概括为特色鲜明的6个方面：1.较完整地保留了蒙古族的传统文化；2.保留了蒙古族独具特色的祭祀文化；3.生态演进的历史经验；4.传承文化的深厚传统；5.创造了经济社会跨越式发展的奇迹；6.敢为人先的鄂尔多斯精神。这是对鄂尔多斯学研究体系的又一次提升和完善。2022年，是鄂尔多斯学研究会成立20周年，在这样一个时间节点，在习近平新时代中国特色社会主义思想指引下，鄂尔多斯学的内涵与外延与时俱进，又有了新的扩展。奇海林会长提出，鄂尔多斯学的研究对象要具有思想体系、知识体系、话语体系三个特点。"随着地方发展实践的需求，地方学的发展与深化是历史必然"，要"始终沿着自己确定的研究对象，立足当地实践、深入细致研究、成果应用得当，而且不断与时俱进"。[2]鄂尔多斯学研究内容和形式，经过20年的不断概括和提炼，

1　奇·朝鲁：《鄂尔多斯学与地方学》内蒙古人民出版社2013年。

2　奇海林：《鄂尔多斯学的研究对象》，《鄂尔多斯学研究》2021年第3期。

研究体系日趋完善，在习近平新时代中国特色社会主义思想的指引下，必将在鄂尔多斯经济发展与文化建设高质量发展中发挥出更大的作用。

（三）全时空与全方位的研究，促进了经济与文化发展

鄂尔多斯学是一门研究地方的学问，鄂尔多斯学研究会是综合性研究阵地，是站在全时空的角度，着眼于鄂尔多斯历史、现实和未来的研究，是站在鄂尔多斯全方位的角度，着力于经济社会、文化发展、生态保护、民生福祉等方面的研究。20 年来，鄂尔多斯学研究会产生出《我与鄂尔多斯》（丛书）、《鄂尔多斯史论集》、《鄂尔多斯学研究成果丛书》、《蒙古族风俗》、《郡王府记忆》、《库布齐历史与文化研究》等历史文化专著；还产生出鄂尔多斯庆祝建党 100 周年访谈实录丛书（五册）、《2035 的鄂尔多斯：发展预测与战略研究》、《鄂尔多斯石榴花开》、《律动康巴什》等时代性强的著作等，20 年来还有大量相关论文及科普文章发表在报刊和网站，形成3000 多万字的学术研究成果，常态化地开展调查研究，建立"鄂尔多斯文献馆"。鄂尔多斯学研究会从创立到今天，以广阔的视野，立体扫描鄂尔多斯，探索鄂尔多斯历史文化发展规律，服务于鄂尔多斯改革开放的发展需求，理论与实践成果促进了鄂尔多斯经济社会与文化发展的步伐。

（四）构建凝心聚力文化平台，影响了民间办会新风尚

鄂尔多斯学研究会是一个凝心聚力的文化平台，在奇·朝鲁、夏日、陈育宁三位奠基者的带领下，20 年来，在这个平台上汇聚了国内外 290 多位会员和专家学者，前后有 20 多位驻会专家，共同为鄂尔多斯奉献智慧和力量。鄂尔多斯学研究会之所以有如此号召力和影响力，首任会长奇·朝鲁总结为"凝心研究，聚力服务"的八字方针。事实如此，鄂尔多斯学研究会吸纳了诸如陈育宁等 100 多位区内外国家级和地方较高水准的专家学者，建立起了专委会的专家团队，同时还先后聘请千奋勇、伊钧华、云照光、夏日、雷·额尔德尼、郭启俊、奇·朝鲁（2017 年卸任会长后）等几十位德高望重的老领导担任荣誉会长。20 年来，每年都要召开呼市地区专家学者和老领导迎春座谈会（2021 年后因疫情未召开），一大批专家学者

和关注鄂尔多斯的老领导聚集在鄂尔多斯学研究会的平台上，为鄂尔多斯发展一如既往地奉献宝贵经验和智慧力量，关心鄂尔多斯、呵护鄂尔多斯、赞美鄂尔多斯。鄂尔多斯学研究会凝聚人心的办会理念与方式，影响和形成了鄂尔多斯文化建设与学术活动的全新模式与时代风尚。

（五）建立专家委员会的机制，创新了学术研究新方式

2002 年，鄂尔多斯学研究会成立，作为一门新型学术研究机构，开展学术研究是首要任务，而当时面临的主要问题就是缺乏研究人才，既缺乏理论型研究人才，也缺乏实践型服务人才，既缺乏专业能力突出的人才，也缺乏综合能力较强的人才，人才匮乏严重制约着鄂尔多斯学研究会的发展。然而，按照社会组织管理的办法要求，研究会所有会员必须是属地人员，没有条件跨区域发展会员，鄂尔多斯学研究会急需的区内外专家学者无法成为研究会的一员，进而也使研究受到影响。经过探索，鄂尔多斯学研究会决定在建立会员制的同时，设立一个专门的研究平台，成立由外地专家和本土专家相结合的研究组织，即鄂尔多斯学研究会专家委员会，这个组织只有研究职能，起到联系专家，增进沟通，在鄂尔多斯学研究会的管理下，专心致志、同心协力开展鄂尔多斯学研究。专家委员会推举鄂尔多斯学倡导者之一的陈育宁教授担任首任主任，他连续三届（2002—2017）担任专家委员会主任，组织开展了专家委员会各项工作，团结带领鄂尔多斯学研究会的专家学者，创新研究，潜心服务，构建了鄂尔多斯学研究体系，产生了许多对鄂尔多斯行之有效的研究成果，在全国地方学研究领域也产生出极大的影响力。专家委员会实行制度化管理，最初吸收专家委员的标准必须是在区内外有影响力的研究者，获得副高级以上专业职称，在专业研究方面有学术著作等。专家委员需要每年报送研究选题，年底汇总研究成果，参加研究会的学术活动和调研活动，在学术会议上提交论文进行交流，为研究会项目和课题进行评审等，迄今为止专家委员有 160 多位。鄂尔多斯学研究会是最早设立专家委员会的学术研究机构，受此影响，区内外学术研究机构和全国地方学研究机构多有效仿，利用专家委员会扩大了研究团队，建立了稳定的研究队伍，增强了研究力量，提高了研究水准，

放大了研究视野，提升了研究格局，因而也产生出了理论与实践水平较高的大量研究成果。鄂尔多斯学研究会自成立以来，获得国家级和自治区级科研项目 3 项，其中二等奖 2 项，三等奖 1 项，获奖研究成果均为专家委员的学术研究成果。

鄂尔多斯学研究会专家委员会的专家学者在服务鄂尔多斯方面，积极开展工作，深入调查研究鄂尔多斯历史、文化、生态、民生、城乡建设等基本情况，及时了解和掌握鄂尔多斯发展动态，围绕鄂尔多斯阶段性中心工作和重大决策，以书面、会议、咨询和沟通交流的多种方式，提出科学合理、行之有效的建议和意见，促进了鄂尔多斯经济社会发展和文化建设事业的发展。

鄂尔多斯学的倡导者首任会长奇·朝鲁在总结专家委员会的作用时说："专家委员会是鄂尔多斯学研究会的主力队生力军。鄂尔多斯学研究专家学者，是鄂尔多斯学研究会形象塑造者、鄂尔多斯学形象代言人。鄂尔多斯学研究会专家委员会的学风文风作风，是履行凝心研究聚力服务使命担当的决定性精神文化要素。只有高品格高修养的专家学者创作出高品位高水准的作品，方可起到创新驱动，高质量服务现代化建设的非常积极的作用。"[1]

（六）倡导地方学的横向联合，带动了全国地方学发展

鄂尔多斯学研究会建会之初，联络和走访了全国有影响力的地方学和地方文化研究机构，开展调查研究和学习取经。在此基础上，2005 年，鄂尔多斯学研究会牵头，全国各地 6 个地方学研究机构共同倡导发起，以联盟的形式，联合全国 30 多家地方学和地方文化机构成立了"中国地方学研究联席会"，鄂尔多斯学研究会主动承担起了联席会管理运营的任务，连续两届被推举为"轮值主席方"。中国地方学研究联席会的成立，开创了全国地方学联合作战的先河，主要开展的工作一是定期召开联席会，二是创办了《中国地方学研究信息》季刊，三是编辑出版了《地方学研究专辑》（共 1—6 册，鄂尔多斯学研究会编辑出版了其中 3 册）。由此，全国地方学研究机构和人才雨后春笋般蓬勃发展，现在有近 60 家地方学和地

1　奇·朝鲁：《凝心研究 聚力服务》，《鄂尔多斯学研究》2022 年第 2 期。

方文化的机构活跃在这个平台。中国地方学研究联席会的模式，还被引进到了韩国和日本，两国也分别成立了类似于全国地方学研究的联盟机构。近年来随着联席会影响力不断扩大，在第二任轮值主席方北京学的卓越努力下，以中国地方学研究联席会为基础，建立了亚洲地方学研究机制，设立了"亚洲地方学论坛"，论坛确定每年轮流在亚洲各国召开论坛和各式活动。2019 年 10 月，首届亚洲地方学与地方国际文化学术研讨会在北京召开，因疫情影响，其后两年均未召开，2022 年 10 月份将在韩国举办第二届亚洲地方学与地方国际文化学术研讨会。中国地方学研究联席会，建立起了联通全国、联通亚洲地方学研究组织的桥梁，其中也有鄂尔多斯学研究会在促进全国乃至亚洲地方学研究繁荣发展的一份贡献。

（七）服务党委政府决策咨询，贡献了研究会智库作用

鄂尔多斯学研究，具有存史资政、服务社会的功能和作用，资政服务是其重要的一个方面。奇海林会长在《鄂尔多斯学由来》一文中讲道，鄂尔多斯学研究会"立足鄂尔多斯、研究鄂尔多斯、服务鄂尔多斯，即社会有用，而且是召之即来、来之能用、用之能赢。首先表现在立足本地、研究问题、发挥智库功能。《鄂尔多斯大辞典》《鄂尔多斯学研究成果丛书》《经济腾飞路》《2035 的鄂尔多斯》等对新接触鄂尔多斯者而言，可谓古今大全，对常年工作在鄂尔多斯者来说，也是手头必备之工具书。在新型工业化和信息化相互促进的新时代，鄂尔多斯利用能源资源优势，在党的西部大开发战略的推动下，焕发出特有的发展进步活力，而作为鄂尔多斯市改革开放发展繁荣的重要知识支撑和思想来源，鄂尔多斯学为这种发展进步提供了独特而直接的文化营养和历史推动力"。[1] 鄂尔多斯学研究会常态化地为市委、市政府和各旗区党委、政府提供智力服务，近年来参与了鄂尔多斯市"十四五"规划制定评审工作，多次参与了鄂尔多斯市党代会工作报告和政府工作报告的起草，还参与了市旗（区）两级文化旅游、非遗保护、生态环境改善与治理等诸多方面的规划评审和主题论证等方面工作；主持了多个具体项目、方案制定和实施工作，如与市文明办、市民委、市社会科学界联合会等制作了铸牢

---

[1] 奇海林：《鄂尔多斯学由来》，《鄂尔多斯学研究》（专刊）2021 年第 1 期。

中华民族共同体意识微课堂系列视频专题片，与市老干局共同编辑出版了庆祝中国共产党成立 100 周年系列丛书一套五册，与鄂尔多斯广播电视台制作了红色鄂尔多斯、印记鄂尔多斯系列专题片，为乌审旗、鄂托克旗、伊金霍洛旗、准格尔旗、康巴什区等旗区编辑出版了历史研究、文化旅游、民族团结、生态保护等方面的数十部研究著作，贡献了鄂尔多斯学研究会的智库作用。

（八）以会聚人、以项目带新人，培育了一支专业化队伍

鄂尔多斯学研究会成立之初，自身力量主要来源于干部队伍里一部分退休的专家学者和地方文化爱好者，凭借着强烈的愿望与热情，开展了一系列的研究工作，取得了非常大的成果。就是这样一支队伍，也是在边干边学的过程中成长了起来，鄂尔多斯学研究会的平台，培养出了一批自己的研究人才、服务人才。进入新时代，鄂尔多斯学研究会广泛吸纳了一批中青年专家学者，他们具有专业化的知识和较高的文化素养，在接触了地方学研究的项目和任务后，经过不断地调研、交流、讨论，在实际工作中对地方学研究方法、规律和鄂尔多斯学研究特色有了深层次的了解和认识，在提升学术研究水平的同时，也增强了鄂尔多斯学研究人才队伍的力量，进而让鄂尔多斯学研究充分发挥其独有的功能，成为培养鄂尔多斯地方性学术研究人才的重要阵地之一。20 年来，鄂尔多斯学研究会依靠可持续的人才队伍建设，专家学者的结构也发生了变化，在老中青结合的研究队伍里，青年学者的比例越来越大；在承担项目和课题的专家学者中间，高学历、高级职称的比例越来越大；在研究主题方面，理论性、政策性、研究性的文章越来越多，研究水准越来越高，联系实际、为现实服务的研究成果占比越来越大。如《2035 的鄂尔多斯：发展预测与战略研究》专著，是鄂尔多斯学研究会奇海林会长承担的自治区社科重大课题，在完成课题研究过程中，奇海林会长从资深专家的角度出发，带领和指导几位年轻的专家学者共同完成了研究任务。这一研究成果得到了自治区和鄂尔多斯市党政部门的高度重视，这样的实例在鄂尔多斯学研究会比比皆是，由此，也窥视出鄂尔多斯学研究会人才队伍建设的特点和作用，也充分理解了鄂尔

多斯学研究会 20 年卓越成果的取得过程中，人才队伍建设发挥出了不可估量的重要作用。

（九）二十载学术研究结硕果，奠定了地方学研究品牌

鄂尔多斯学研究会从 2002 年成立以来，秉承"举社会之力，办大众之事"的理念，坚持立足鄂尔多斯、研究鄂尔多斯、服务鄂尔多斯的基本准则，创新发展，开拓进取，办会 20 年，收获颇丰。

第一，鄂尔多斯学研究会坚持正确的研究方向。鄂尔多斯学倡导者、鄂尔多斯学研究会首任专委会主任陈育宁教授讲道："作为学术范畴的民族地区地方学研究，也必须以铸牢中华民族共同体意识为主线，这是符合民族地区历史和国情的指导思想，也是鄂尔多斯学研究会建会 20 年来能够坚持正确的政治方向和学术导向的主要原因，是鄂尔多斯学的最大学术收获。"[1] 鄂尔多斯学研究会学术成果丰硕。20 年来，鄂尔多斯学研究会的研究成果主要体现在出版图书、音像制品、编辑刊物和报纸专版，在鄂尔多斯学研究网站与网络平台发表信息和文章等。对此，鄂尔多斯学研究会创始人、首任会长奇·朝鲁撰文写道："鄂尔多斯学研究会，凝心研究初创期所收获的基础性成果，有《鄂尔多斯学概论》《鄂尔多斯学研究成果丛书》、各年度《鄂尔多斯学研讨论文集》，有《鄂尔多斯学研究》季刊等数百万字的留存文字记载。聚力服务探索性实践所取得的效果，有主办、承办、合办、协办的百多次（届）各级各类论坛、研讨会数百万字的论文集，有自治区各盟市首家编纂出版的大型工具书《鄂尔多斯大辞典》，有全国唯一在地市级机关报开办的《鄂尔多斯日报·鄂尔多斯学研究》月刊，以及鄂尔多斯学研究会网站等等，有资助编审出版发行专家学者和社会各界人士创作的 20 多部各类图书，有在国家主流媒体播出的超大容量、全景式、立体式展示鄂尔多斯的《走遍中国·鄂尔多斯》——《神奇的鄂尔多斯》大型电视专题片和影视作品等，留存时代记忆"。[2] 鄂尔多斯学研究会继任会长奇海林教授撰文谈道："近年来，为庆祝改革开放 40 周年、中华

---

[1] 陈育宁：《鄂尔多斯学认知观》，《鄂尔多斯学研究》2022 年第 1 期。

[2] 奇·朝鲁：《凝心研究 聚力服务》，《鄂尔多斯学研究》2022 年第 2 期。

人民共和国成立 70 周年，特别是中国共产党百年华诞，鄂尔多斯学研究会先后出版《温暖世界骄子情怀》《经济腾飞路》《伊金霍洛旗改革开放 40 年》《律动的康巴什》《绿色乌审》《强旗富民准格尔》《红色鄂尔多斯》《绿色鄂尔多斯》《发展鄂尔多斯》《文化鄂尔多斯》《幸福鄂尔多斯》等。"[1]

　　20 年来，鄂尔多斯学研究会先后举办了 102 次大型学术论坛及专题研讨会，组织了百余次考察及调研活动，出版了以《鄂尔多斯大辞典》《鄂尔多斯学研究丛书》《我与鄂尔多斯》为代表的大型工具书和专著共 125 部。编辑《鄂尔多斯学研究》（季刊）218 期（包括增刊、蒙文刊），从 2002 年 9 月至今，出刊《鄂尔多斯日报·鄂尔多斯学研究专刊》（月刊）240 期，在报刊上编发了研究会会员、专家撰写的论文、文章近 2000 篇。鄂尔多斯学研究会潜心研究，学术成果丰硕，奠定了鄂尔多斯学研究会的品牌影响力。

1　奇海林：《鄂尔多斯学的由来》，《鄂尔多斯学研究》（专刊）2021 年第 1 期。

第七章　鄂尔多斯学的研究成果

　　鄂尔多斯学研究会从 2002 年 9 月 16 日成立以来就坚持以"打造品牌地方学，构建和谐研究会"为战略目标，以"立足学术、服务建设、创新机制、着眼发展"为办会宗旨，以"举社会之力，办大众之事"的办会理念，明确了"向心、奉献、低调、务实、节俭、高效"的会风建设标准。创新履践"因时代而立、因作为而兴、因特色而美、因交流而跃、因文化而强"的立会兴会理念，迈出新步伐，创造新业绩，取得新成果。从建会之日起就开始出版《鄂尔多斯学研究丛书》《鄂尔多斯学研究成果丛书》《我与鄂尔多斯》《鄂尔多斯学研究文库》《鄂尔多斯市庆祝建党 100 周年访谈实录丛书》《鄂托克旗文化丛书》《经济腾飞路》《2035 的鄂尔多斯》等 127 部，这些图书的出版对新接触鄂尔多斯者而言，可谓大全，对常年工作在鄂尔多斯者来说，也是手头必备之工具书。影视作品 5 部。有影响的课题 10 项，召开研讨会、座谈会、书评会 90 次，在新型工业化和信息化交互促进的新时代，鄂尔多斯利用能源资源优势，在党的西部大开发战略的推动下，焕发出特有的发展进步活力，而作为鄂尔多斯市改革开放发展繁荣的重要知识支撑和思想来源，鄂尔多斯学为这种发展进步提供了独特而直接的文化营养和历史推动力，是梳理史脉，多元一体，古为今用。

一、鄂尔多斯学研究会学术研究成果

（一）党报支持，开设专版，宣传鄂尔多斯学

《鄂尔多斯日报·鄂尔多斯学研究专刊》的前身是《鄂尔多斯学研究会会员通讯》，在鄂尔多斯学研究会成立创办9期后于2003年7月18日起由鄂尔多斯学研究会和鄂尔多斯日报合办、研究会组稿编辑，《鄂尔多斯日报》每月出一期"鄂尔多斯学研究专刊"，出版206期后，于2020年12月改版为《学会研究》，现在已经出版225期。会刊《鄂尔多斯学研究》从2002年研究会成立以来开始创办，每年汉文4期、蒙文1期，现在已经出汉文刊80期，蒙文刊10期。会刊、会报的出刊，对报道和宣传鄂尔多斯学研究会的工作，报道和宣传鄂尔多斯学这一学科的定位、内容以及会员、专家学者的研究成果，在提升鄂尔多斯学的学科建设方面，都起到了一定的作用，深受各界人士的称赞。

（二）召开学术研讨会、座谈会，夯实鄂尔多斯学研究会的基础

鄂尔多斯学研究会从成立之日起立足鄂尔多斯，研究鄂尔多斯，召开系列学术研讨会、座谈会40次，围绕历史、文化、经济、生态、成吉思汗文化、黄河"几"字弯高质量发展等方面开展研究，对于鄂尔多斯市的发展起到了积极的推动作用，提升了鄂尔多斯的知名度、美誉度。

2002年9月16日，主办召开"鑫通建安杯"文化塑市研讨会。2002年9月17日，举办了"阿尔寨石窟"专题研讨会。2002年11月30日举办"鄂尔多斯学之春"首届企业战略研讨会。2003年3月6日，组织召开《走遍中国·鄂尔多斯》观摩研讨会。2004年6月30日至7月1日，召开了纪念"萨冈彻辰诞辰400周年学术研讨会"。2004年7月1日，召开蒙陕宁旅游文化协作研讨会。2005年9月9日，召开了"鄂尔多斯文化与城市规划建设"研讨会。2006年8月14日至18日，召开"经典·和谐·发展"为主题的"首届鄂尔多斯文化学术研讨会"。2007年8月10日至12日，

召开"包容·和谐·创新——鄂尔多斯文化与和谐社会"为主题的"第二届鄂尔多斯文化学术研讨会暨魅力鄂尔多斯高层学术论坛"。2009年7月28日，召开首次以研究成吉思汗文化为主题的"伊金霍洛旗2009成吉思汗文化论坛"。2010年8月4日—5日，召开"成吉思汗箴言与伊金霍洛文化形象"为主题的"2010成吉思汗文化论坛"。2010年8月20日，举办以"和谐文化与和谐达拉特"为主题的窝阔台伊金祭祀文化旅游研讨会。2010年8月29日—31日，召开以"阿尔寨文化与幸福鄂托克"为主题的首届鄂托克·阿尔寨文化高层论坛。2010年9月12日—13日，召开"东联文化旅游产业十周年"学术研讨会。2011年5月26日，召开"巨力杯"鄂尔多斯转型发展研讨会。2011年11月21日—22日，召开以"成吉思汗文化与伊金霍洛城市形象"为主题的"2011伊金霍洛成吉思汗文化论坛"。2011年8月19日至21日，召开第二届中国·阿尔寨文化高层论坛。2014年8月15日—16日，召开"民间社会组织服务社会"座谈会。2016年9月12日，组织召开"一带一路与鄂尔多斯发展学术研讨会"。2017年1月17日，召开"老红军乔桂章同志文史资料征集座谈会"。2017年6月25日—26日，召开主题为"草原 城市 文化"的康巴什论坛。2018年1月12日，召开"鄂尔多斯学研究会纪念改革开放40年座谈会"，会议回顾40年历程。2018年8月11日，召开以"鄂尔多斯旅游景区发展"为主题的鄂尔多斯旅游景区发展座谈会。2018年9月19日和10月11日分别召开库布齐历史文化研讨会，就库布齐的历史与民族文化的挖掘、调查、研究、宣传等进行探讨。2018年12月14日召开以"鄂尔多斯改革开放四十年社会科学研究"为主题的回顾与展望——鄂尔多斯改革开放40年社会科学研究座谈会。2019年3月23日，召开主题为"幸福中国"的庆祝2019年"国际幸福日"研讨会。2019年7月15日，召开训诂学与蒙元文化研讨会。2019年7月16日至18日，召开第三届民族地区文化产业发展论坛。2019年7月20日，召开"布尔陶亥历史民俗文化座谈会"。2019年9月15日—16日，围绕"李继迁与地斤泽——以地斤泽地望为中心""西夏时期的鄂尔多斯""丝路西夏文化旅游产业研发"主题召开"鄂尔多斯党项西夏文化与区域文化旅游融合发展研讨会"。2019年9月28日，召开"鄂尔多斯经济现象与创新法律服务高峰论坛"。2020 年 1 月 15 日，召开鄂尔多斯市学习贯彻党的十九届四中全会精神座谈会。2020 年 7 月 4 日，召开"内蒙古践行铸牢中华民族共同体意识"专题研讨会。2020 年 7 月 7 日，召开鄂托克旗非遗口述史调查研究座谈会。2021 年 5 月 28 日，召开杭锦旗"黄河流域高质量发展"主题文化建设交流研讨会。2021 年 7 月 11 日，召开"鄂托克旗黄河'几'字弯高质量发展文化与智库建设专题"调研座谈会。2021 年 9 月 16 日，召开《鄂尔多斯大辞典》修订座谈会。2021 年 9 月 16 日，召开"黄河'几'字弯绿色高质量发展"学术研讨会。2022 年 8 月 18 日，召开鄂尔多斯"乃日"文化保护传承座谈会。2022 年 9 月 17 日，召开"黄河'几'字弯农牧民共同富裕"学术研讨会。

（三）召开鄂尔多斯学研究会年会

鄂尔多斯学研究会不断深化鄂尔多斯学研究内容和形式，促进地方学的发展建设，使鄂尔多斯学研究会真正成为鄂尔多斯先进思想的倡导者、学术研究的开拓者、党政决策的建议者、社会风尚的引领者，富民兴市的支持者。为此，召开年会、会员代表大会，加强自身建设，规范管理，把鄂尔多斯学研究会真正建成品牌地方学。

2003 年 9 月 16 日—17 日，召开了 2003 年鄂尔多斯学研究会年会。2007 年 5 月 19 日，召开 2007 年专家委员会年会。2007 年 10 月 26 日，召开鄂尔多斯学研究会二届一次会员代表大会暨研究会成立五周年庆祝大会。大会举行了"鄂尔多斯学研究所"挂牌仪式。2012 年 9 月 16 日，召开鄂尔多斯学研究会三届一次会员代表大会暨十周年庆祝大会。2012 年 1 月 18 日，召集部分顾问、专家委员会委员召开辞旧迎新联欢座谈会。2017 年 12 月 17 日，召开鄂尔多斯学研究会第四届会员代表大会。2019 年 5 月 26 日，鄂尔多斯学研究会 2019 年工作座谈会召开。2020 年 5 月 20 日，召开深化和促进鄂尔多斯学研究座谈会。2022 年 9 月 9 日，鄂尔多斯学研究会召开第五届会员代表大会。2022 年 9 月 16 日，鄂尔多斯学研究会成立 20 周年庆祝大会召开。

（四）召开呼市地区座谈会，广泛征求各方面意见建议

鄂尔多斯学研究会从成立之日起就把"举社会之力办大众之事"作为办会宗旨，为此从 2002 年到目前为止，在呼市地区召开 17 次座谈会，征求各位专家的建议意见，为办好鄂尔多斯学研究会打下了良好的基础。

2003 年 1 月 7 日，召开呼市地区新年座谈会。2004 年 1 月 12 日，举行了《我与鄂尔多斯》[卷一] 出版发行座谈会。2005 年 1 月 16 日，在呼和浩特市召开了鄂尔多斯学研究会 2005 年（呼市地区）新春座谈会。2006 年 1 月 1 日，鄂尔多斯学研究会在呼市召开"2006 鄂尔多斯学研究会老领导、专家迎春茶话会"。2007 年 1 月 17 日，鄂尔多斯学研究会在呼市召开"2007 年新春茶话会"。2008 年 1 月 25 日，鄂尔多斯学研究会在呼市召开"2008 年新春茶话会"。2009 年 1 月 16 日，在呼市召开"纪念改革开放三十周年迎春茶话会"。2010 年 1 月 27 日，在呼市召开"喜迎 2010 庚寅新春暨《鄂尔多斯大辞典》发行座谈会"。2011 年 1 月 24 日，在呼市召开"鄂尔多斯学研究会喜迎 2011 辛卯年春节座谈会"。2012 年 1 月 13 日，在呼市召开"喜迎 2012 壬辰年春节茶话会"。2013 年 1 月 22 日，在呼市召开"喜迎 2013 癸巳年春节座谈会"。2014 年 1 月 18 日，在呼市召开"甲午年春节座谈会"。2015 年 1 月 19 日，在呼市召开"2015（乙未年）春节座谈会"。2016 年 1 月 14 日，鄂尔多斯学研究会"2016（丙申年）春节座谈会"在呼和浩特举行。2016 年 12 月 31 日，召开"2017 年呼市地区迎春座谈会"。2019 年 1 月 13 日，鄂尔多斯学研究会"2019 年迎春座谈会"在呼和浩特举行。2020 年 1 月 12 日，鄂尔多斯学研究会"2020 年迎春座谈会"在呼和浩特市召开。

二、鄂尔多斯学研究成果

（一）鄂尔多斯学学术研讨活动

鄂尔多斯学的出现成为地方学领域的一颗新星，研究会从成立时就注

重学科的建设，联合中国地方学研究联席会主席方召开 10 次研讨会，就中国地方学的发展历程、学科定位、肩负使命和未来走向进行了广泛深入的研究、探讨、交流。探讨知识体系与应用服务的紧密结合，使实践经验能及时得到提升。大家从多方面探索新的发展方向与路径，促进中国地方学协同发展与融合交流，进一步总结交流中国地方学及鄂尔多斯学学科建设与社会实践的经验与体会，为鄂尔多斯学的发展路径指明方向。

2010 年 9 月 15 日，召开鄂尔多斯学研究会成立八周年庆典暨"地方学与鄂尔多斯发展"研讨会。2013 年 9 月 15 日—16 日，召开"中国地方学建设与发展"研讨会。2015 年 9 月 16 日，召开"地方学的应用与创新"座谈会。2017 年 9 月 25 日，召开"中国地方学研究交流暨鄂尔多斯学学术座谈会"。2018 年 8 月 19 日，鄂尔多斯学研究会等协办召开以"讲好内蒙古故事"为主题的首届"内蒙古学"论坛。2022 年 5 月 16 日，召开鄂尔多斯学 20 年座谈会。2022 年 6 月 10 日下午，召开鄂尔多斯学 20 年座谈会。2022 年 9 月 16 日下午，围绕"新时期地方学理论构建与实践探索"和"鄂尔多斯学 20 年回顾与展望"主题召开全国地方学与地方文化学术研讨会。2022 年 9 月 19 日，协办召开主题为"关注地方，服务地方"的 2022 年地方学暨内蒙古学论坛地方学暨内蒙古学论坛。2022 年 10 月 21 日，协办召开第二届亚洲地方学与地方文化国际研讨会暨第 19 届韩国区域论坛。

（二）鄂尔多斯学学术沙龙

鄂尔多斯学研究会与内蒙古大学鄂尔多斯学院共同组建鄂尔多斯学研究中心以来，围绕学科建设、教学实践、鄂尔多斯学学科建设与应用服务有机结合起来，共同发挥整体优势。2016 年 4 月 1 日，鄂尔多斯学研究中心开展首次沙龙活动。2016 年 4 月 13 日，鄂尔多斯学研究中心第二届文化沙龙召开。

（三）鄂尔多斯学学术著作

1. 历史研究

鄂尔多斯地区有着深厚的历史积淀和丰富的文化资源，鄂尔多斯学研究会成立以来挖掘历史、研究历史、充实学科，鄂尔多斯学作为以鄂尔多斯为研究对象的一门学问，自然有责任、有义务发掘、收集、整理各类资料包括口述历史资料。成立 20 年来出版历史类图书 20 部，主要有：

《鄂尔多斯史论集》是鄂尔多斯历史文化的主要研究成果，为研究者提供了认识鄂尔多斯、热爱鄂尔多斯、建设鄂尔多斯的重要历史文化依据。

《成吉思汗秘史》主要将一本尚未普及的《蒙古秘史》以现代白话文向群众普及，让人们准确、生动、形象地了解蒙古民族的历史，弘扬蒙古民族文化。

《鄂尔多斯盐业史》共分三编十二章四十六节，是内蒙古盐业史的重要组成部分，它真实地总结记录了鄂尔多斯有史以来盐业经济的变迁与发展，是对自治区文史研究的重要贡献。

《口述历史——鄂尔多斯"独贵龙"与反洋教》收入 30 余位亲身经历和参与"独贵龙"、反洋教运动者于 20 世纪 60 年代初的口述历史，还收入一些知情人的口述资料。

《蒙古历史长卷》是全长 206 米、高 2.5 米的油画的真实记录。长卷以蒙古史料为依据，艺术地再现成吉思汗诞生至北元建立 206 年中的重大历史史实。

《外国人眼中的成吉思汗》包括 60 多个国家约 400 位名人学者对成吉思汗的评论。

《成吉思汗评传》以中国读者为叙述对象，从细微处着眼，客观地评说 800 多年前一个草原贵族少年的成长历程。

《永远的成吉思汗——走进成吉思汗陵旅游区》分为一代天骄、雄风再现、蒙古春秋、圣地古韵、大英梦想五部分，以图文并茂的形式讲述了成吉思汗旅游景区的各个景点。

《图说成吉思汗与蒙古族》包括蒙古族兴起前的北方游牧民族、蒙古汗国的建立与蒙古族的形成、大一统王朝·元朝、明代蒙古族、清代蒙古族和当代蒙古族六部分，采用图文并茂的形式让更多的读者从大量珍贵的图文史料中了解蒙古历史上的重大事件、重要人物、重要历史进程。

《那顺德勒格尔传略》把笔者多年来调查、采访和研究那顺德勒格尔传略的文字搜集起来汇聚成书，为研究中国现代革命史和蒙古族现代革命史，提供参考资料。

《成吉思汗后裔——鄂尔多斯左翼后旗台吉家谱图》主要整理了从成吉思汗第 15 代孙巴图孟克达彦汗至达拉特旗王爷康达道尔基共 20 代、2000 多名台吉的家谱。

《成吉思汗祭祀歌及鄂尔多斯歌来源》分为古如歌和甘刚歌曲两部分，旨在给研究者提供一些研究素材，是一项抢救民族文化的事业，对鄂尔多斯文化研究产生积极的影响。

《成吉思汗廉政思想研究论文集》包括反腐倡廉、以德治国、诚信务实、加强法制、提高教育水平及树立正确的世界观、人生观、价值观等方面的内容，对借鉴优秀历史文化、运用历史智慧推进反腐倡廉建设具有重要的历史意义和时代价值，对深入挖掘成吉思汗文化内涵具有重要的推动作用。

《成吉思汗箴言选辑》精选出经典箴言 300 余条，内容涵盖了成吉思汗思想观念的各个方面，基本体现了成吉思汗箴言的原始性、真实性、可靠性和经典性。

《桃力民的兴衰》主要收集从曾在桃力民地区工作过或知情的革命老前辈的忆述、档案资料等方面整理的桃力民地区的革命历史资料。

《桃力民故事》是作者几十年收集整理的有关桃力民的历史文化方面资料，让更多的人知道桃力民历史上的人和事。

《郡王府记忆》所述郡王府，是清末民国时期鄂尔多斯左翼中旗（郡王旗）札萨克府邸，俗称郡王府。全书通过记述郡王府家族在清朝、民国及新中国的不同命运，反映郡王府所代表的封建王公制度的兴衰过程，是了解鄂尔多斯、宣传鄂尔多斯的一本乡土教材。

《烽云印记 伊金霍洛》讲述了从"独贵龙"运动开始到抗日战争时期，伊金霍洛旗成为鄂尔多斯乃至内蒙古（蒙西地区）重要的政治活动中心，再到解放战争时期我党开展秘密和公开的活动，实现和平起义，伊金霍洛大地得到解放，建立了人民政权的红色革命史。

《伊金霍洛史迹拾遗》从展示和解析历史发展的脉络，回顾和剖析文化遗产原貌的角度，以文字、图表、图片、分布图的形式，用故事叙述和专业研究的方法，介绍伊金霍洛旗历史上发生过的经典事件、历史人物、古代遗存、典型文物，解析伊金霍洛旗历史文化和民族文化遗存与历史价值。

《鄂托克旗史迹拾遗》叙述鄂托克地区的历史脉络、历史故事，分析鄂托克旗文化遗产、文物古迹，全景式地展示鄂托克旗历史、文物在全国、世界范围内的原创性、重要性、独特性。

2. 文化研究

鄂尔多斯文化是历史上多元文化的汇合与交融，这种多元性特质造就了鄂尔多斯各族人民具有宽阔的胸怀、对异文化包容的心态，以及主动学习汲取其他民族优秀文化的性格。文化是人类发展进步过程中心灵智慧升华的反映。在民族文化开放发展过程中，鄂尔多斯出现了一批研究鄂尔多斯人文历史、民族民俗、文学艺术、文化旅游的专家学者和文化工作者，成为鄂尔多斯的新的文化人力资源。文化是鄂尔多斯学的主要内容之一，从研究会成立之日起就把文化研究作为主要研究对象开展研究，形成了一系列主要成果，起到了预期的效果。20 年推出文化研究类图书 32 部。

《草原敦煌——阿尔寨石窟探秘》汇集了从 20 世纪 80 年代至 2002 年间关于鄂托克旗阿尔寨石窟的文物普查、学术调研、历史文化价值等方面的文章，在当时对阿尔寨石窟特批为全国第五批文物保护单位起到了推动作用。

《鄂尔多斯风情》写的是鄂尔多斯高原和高原老百姓的风俗民情，让更多的人了解当时的民风民俗。

《鄂尔多斯旅游通览》包括鄂尔多斯旅游资源图、旅游知识法规、鄂尔多斯文化古迹、鄂尔多斯生态风光、鄂尔多斯七大旅游区、鄂尔多斯旅游产品开发、鄂尔多斯旅游线路、中国旅游景区、旅游机构、宾馆饭店、鄂尔多斯历史拾萃、鄂尔多斯风情、政府热线、农牧林水气、交通汽修、知名企业、邮政通信、金融保险、科技教育、医疗保险这 20 个篇章，是当时旅游从业人员及相关机构唯一的参考书籍。

《贺希格巴图诗集》收集的是葛云鹏从 1987 年开始翻译整理的贺希格巴图诗篇和诗歌。

《鄂尔多斯风俗录》主要从饮食习俗、服饰·起居、礼仪习俗、岁时节日、竞技游戏、鄂尔多斯婚礼、诞育·丧葬、崇尚·禁忌、祭奠：圣陵与圣纛、祭祀、敖包、生产习俗等方面对鄂尔多斯的蒙古族习俗进行记述。

《鄂尔多斯人的保护生态习俗》（蒙古文）主要包括鄂尔多斯的生态往昔、鄂尔多斯人保护生态的意识、祭典敖包中的保护生态思想、生态与自然的关系四个方面的内容，对研究保护生态理论，具有一定的创新意义，为研究者提供了丰富的生态研究资料。

《蒙古族楹联文化》（蒙古文）对蒙古族楹联的涵义、蒙古族楹联的来源、发展变化过程、楹联的种类从文学、历史、习俗、书法等诸多方面进行了深入研究，是拯救民族文化的重大成果。

《鄂尔多斯八位名作家古诗古文》（蒙古文）中的古诗古文详细反映当今社会贪官、黑恶势力的危害，倡导社会公平正义；赞美故乡、草原、牲畜，怀念父母和亲情，倡导了婚姻自由等。

《成吉思汗文化论集》收集从 20 世纪 80 年代以来，国内发表的大量有关成吉思汗研究的论文，按照"成吉思汗文化"的内涵要求，遴选了有代表性的专题论文。

《鄂尔多斯文化论文集》收集 2006 年 8 月 13 日至 18 日，"首届鄂尔多斯文化学术研讨会"学术论文 53 篇，这些学术论文对深入研究鄂尔多斯文化具有借鉴和指导作用。

《蒙古象棋》主要讲了蒙古象棋的下法，是一本很好的读本，是向广大青少年推广普及这一科学智慧而又能修身养性的文体活动的参考书。

《鄂尔多斯天地人》为全面、深入、准确地认识、解读鄂尔多斯的人提供一些基础研究资料。

《鄂尔多斯蒙古姓氏》试图对鄂尔多斯蒙古人姓氏展开探讨与研究，作者参考吸收了历史学、地理学、社会学、民族学和祭祀文化、风俗文化等多种学科的前人研究成果，并提出个人观点。

《我的鄂尔多斯》是一部艺术地反映这段抗日战争时期惊心动魄历史的二十集电视连续剧。该剧编剧是我国著名作家肖亦农，他是以刻画人物见长的优秀小说家，并长期生活在鄂尔多斯市。剧作播出后好评如潮，许多观众要求阅读该剧的文学剧本。为了满足观众的这一愿望，并征得肖亦农的同意，鄂尔多斯学研究会将其编辑出版，以飨读者。同样，这部剧作的出版也为鄂尔多斯学的研究提供一个新的视角，以帮助研究者、读者，读懂读透鄂尔多斯。

《蒙古姓氏集》（蒙文）对鄂尔多斯地区的蒙古姓氏进行解读、溯源，为研究蒙古文化的学者提供了基础素材。

《蒙古族风俗》以图文并茂的形式将蒙古民俗展现在世人面前，具有抢救、保护、传承、发展、弘扬民族优秀传统文化的深远意义；是一部具有普及性教育意义的蒙古民俗百科书，具有学习、教育、实践、认识、掌握蒙古民俗的现实意义的佳作。

《包海山论文集》的作者在读《资本论》后以独特的视角和思维方式撰写，出版此书意在对鄂尔多斯市的马克思主义学习研究起到应有的作用。

《木石村庄》中的每一篇文章无不以乡村的一些农具、人物和生产、生活的场景为由头谋篇布局，所抒写的都是对旧的事物，如旧器物、旧习俗、旧生活等的怀念和留恋，或是通过对故土乡情的描绘，表达某种怀念、寄托的情愫，意在承担保护文化遗产、传承文化脉息、发掘文化宝藏、开创文化产业的历史责任与使命。

《成吉思汗文化与伊金霍洛——伊金霍洛旗 2009 成吉思汗文化论坛文集》《成吉思汗文化与伊金霍洛——伊金霍洛旗 2010 成吉思汗文化论坛文集》《成吉思汗文化与伊金霍洛——伊金霍洛旗 2011 成吉思汗文化论坛文集》对成吉思汗文化的内涵、成吉思汗箴言进行讨论研究和深度挖掘，从不同角度、更深层次探究文化内涵，发挥伊金霍洛旗人文资源优势，更加紧密地联系了鄂尔多斯、伊金霍洛的改革与建设，增强了学习贯彻党的十七届六中全会精神带来的文化自觉和文化自信。

《祥瑞阿尔寨　幸福鄂托克——首届鄂托克·阿尔寨文化高层论坛文集》《祥瑞阿尔寨　幸福鄂托克——第二届鄂托克·阿尔寨文化高层论坛文集》在对阿尔寨文化的内涵、定位、价值、意义进行展开研究的同时，还就文化生态保护、旅游产品推介，通过促进文化大发展、大繁荣助推幸福鄂托克工程等提供了许多切实可行、很有参考借鉴价值的意见和建议。

《窝阔台伊金祭祀文化旅游研讨会文集》就窝阔台伊金祭祀的历史由

来、传承和发展，窝阔台伊金祭祀文化的意义，旅游景区的开发等，展开了深入探讨，提出了很好的建议。

《双头马骑士——阿斯哈牧人的城市化感受》忠实地记录了鄂尔多斯蒙古族牧民在城镇化历程中的成败得失与喜怒哀乐，给社会学、经济学、民族学、民俗学、地方学、文化学研究者、专业工作者提供了翔实可靠的第一手资料。

《游者手记》主要将作者在鄂尔多斯市旅游局工作期间所写的 23 篇随笔和拍摄的相关图片按写作时间顺序排列，整理成集，作为多年从事旅游工作的记录和总结，意在从具体的对比中找出鄂尔多斯旅游和国内及国外大旅游发展之间存在的差距，同时也在提炼鄂尔多斯旅游的优势、潜力，谋划鄂尔多斯旅游未来的发展方向。

《大美伊金霍洛》分为史迹之美、英雄之美、祭祀之美、故事之美、民俗之美、文艺之美、信仰之美、赞颂之美、旅游之美九大部分，全面介绍了伊金霍洛旗历史、文化、民俗、旅游等方面的内容，不仅是对伊金霍洛旗历史文化、旅游资源等方面内容的总结，更是人们了解伊金霍洛旗的一个合格的"向导"。

《草原　城市　文化——2017 年康巴什论坛》是对康巴什首次进行的社科领域学术研究成果的汇集，同时，既是对康巴什建设和发展理论研究成果作出的科学总结，又是康巴什未来发展方向和目标的前瞻性展望与指导。

《鄂尔多斯传奇故事》包括两个部分的内容：第一部分从文化的视角阐释鄂尔多斯；第二部分阐述了鄂尔多斯学研究会十五年来所取得的成果、经验等。

《鄂托克旗文化风采》在较为全面地梳理了鄂托克旗文化发展建设成就的基础上，总结了鄂托克旗文化强旗的经验，对未来文化发展作出了展望。

《鄂托克旗非物质文化遗产口述史》包括民族习俗、民间文学、传统技艺、传统医疗、传统医药、传统美术、传统体育、传统舞蹈八部分，遵循口述写作的方法，较全面记录鄂托克旗范围内分布的非遗项目。

3. 经济研究

鄂尔多斯学研究会于 2002 年 9 月成立后,一直把鄂尔多斯经济发展的研究作为重要课题,在《鄂尔多斯学研究》等报刊上发表了大量鄂尔多斯经济研究论文。编纂完成的《鄂尔多斯大辞典》中专设自然资源篇、经济篇、科学技术篇和鄂尔多斯市历年国民经济和社会发展统计表,以词条的形式,全面系统地介绍了鄂尔多斯经济发展的历史和现状,为鄂尔多斯经济研究提供了权威性基础资料。20 年共推出经济研究著作 10 部。

《鄂尔多斯品牌战略》将鄂尔多斯集团发展、鄂尔多斯品牌铸造作为一项专题进行研究,汇集了鄂尔多斯集团公司成长过程一些具有代表性的文献和文章。此书既总结经验,又起到启迪和鼓舞的作用。

《鄂尔多斯经济跨越发展简论》对鄂尔多斯经济发展中的一些重要问题做出比较全面的论述,特别是把这些问题之间的内在联系梳理得更为清楚。

《鄂尔多斯工业化之路》从鄂尔多斯实际出发,全面介绍了鄂尔多斯工业发展历程和发展现状、基本做法和基本经验,深入研究鄂尔多斯工业化发展对地区经济社会发展所产生的联动效应和重大作用。

《巨力杯——鄂尔多斯转型发展研讨会专辑》作者从各自研究领域视角出发,认真探析鄂尔多斯经济社会发展历程和现状,深入透视当前存在的薄弱环节和深层次矛盾问题,点明认识处理这些矛盾问题的方向路径并提出合理化建议。

《温暖世界 骄子情怀:鄂尔多斯民营经济 40 年》紧扣自身创业的心路历程,反映自身真实创业经历,创业经历中的成败得失、感悟体会等,是一部创业励志史,能激励每一位创业者。

《伊金霍洛旗改革开放 40 年》共分六个部分,分别从经济建设、政治建设、文化建设、社会建设、生态文明建设和城镇建设等方面回顾了 40 年来伊金霍洛旗各族人民群众在党的领导下,发扬艰苦奋斗、坚韧不拔,敢想敢为、创新创业,砥砺奋进、科学发展的精神。

《经济腾飞路——由高速度增长转向高质量发展》的主要内容包括经

济巨变的奋进历程、举世瞩目的跨越发展、敢为人先的实践探究、面向未来的高质量发展四部分，全面总结了鄂尔多斯市发生巨变的基本经验，对鄂尔多斯市新时代高质量发展进行了展望和探讨。

《2035 的鄂尔多斯》是鄂尔多斯学研究会会长奇海林会长主持的内蒙古自治区社科联重点课题，以党的十九大报告明确指出到 2035 年要基本实现社会主义现代化的目标，注重目标导向和问题导向，突出引领功能，用新发展理念全面审视鄂尔多斯的发展底色，对未来国内外发展的宏观环境进行综合研判，结合鄂尔多斯的现实基础与趋势可能，提出到 2035 年鄂尔多斯市率先在我国西部和民族地区基本建成社会主义现代化示范市的目标。

《回眸 2017 的鄂尔多斯》的内容包括物质文明建设、政治文明建设、精神文明建设、和谐社会建设、生态文明建设、旗区经济社会发展、党校建设、鄂尔多斯市委党校 2017 年大事记，为当地各级领导干部起到了"随时用""案头放"的功能；为研究地方发展的同人发挥了资料库、政策源、线索头的作用。

《回眸 2018 的鄂尔多斯》包括经济建设、政治建设、文化建设、社会建设、生态建设、旗区建设、园区建设七部分为研究地方发展的同人发挥了资料库、政策源、线索头的作用。

4.人物研究

鄂尔多斯学研究会从 2002 年成立以来就列有人物研究课题重点项目，实施这个课题的宗旨，是增强鄂尔多斯的软实力，提升鄂尔多斯人的文明素养与精神境界。这些著作的出版让我们真切地感到，我们正在追求这一目标的路途上奋进着。共有著作 11 部供大家参考。

《末代王爷——奇忠义自传》的作者是成吉思汗的第 34 代孙，也是迄今在世的最后一位蒙古王爷。书中以他的人生经历为主线，介绍了鄂尔多斯地区的历史，不仅生动描述了他昔日的王爷生活和从王爷转变为人民公仆的政治生涯，而且真实地反映了过去盟旗社会部的种种矛盾和神奇美妙的鄂尔多斯跨入社会主义新时代后的急剧变化，是一部可读性较强的传记作品。

《我在鄂尔多斯》从历史与文化的视角着眼，认真地、实事求是地把自己所经历的鄂尔多斯曾经发生和存在的事物和现象，原原本本地记录下来，再现当时当地的本来面貌和客观实际。

《责任与情怀》的主要写作者在鄂尔多斯市六年来，先后协助主要领导分管过工业经济、社会事业和计划城建等，本书记录了他的一些心得和人生经历中的自我总结和感悟。

《少爷人生路》真实地记录了一位王公贵族后裔的坎坷人生道路，讲述了他生在官宦之家，却没有丢掉热爱劳动，与人为善的优良传统；坚信共产党；在工作和生活的艰难困苦中，一直搏动着生命的动力。他用坎坷人生和平凡业绩，证明了自己生存的价值和意义。

《保护和开发人类记忆——乔布英档案工作文选》是作者在伊克昭盟档案局工作期间的论文、工作研究、调查报告、讲话等方面的汇编，本书可以反映一个阶段伊克昭盟档案事业的发展历程。

《创业者风采——记鄂尔多斯蒙古族企业家》详细叙述了30位成功的蒙古族企业家的创业经历，深度记录了他们的成功经验和辉煌业绩，为开展鄂尔多斯人物研究的提供了素材。

《大漠赤子 民族精英——吴占东纪念文集》包括子女缅怀篇、战友记忆篇、部属追念篇和报告讲话篇四部分，是增强鄂尔多斯的软实力，提升鄂尔多斯人的文明素养和精神境界的一本好书。

《高原骄子》反映鄂尔多斯部分企业与企业家的发展历程、成功经验，弘扬他们的创业精神，传承优秀的企业文化，进一步增强鄂尔多斯的软实力。

《蒙古文化功臣——曹纳木》（蒙古文）共有十章，将曹纳木这位誉满文坛的巨匠的一生的坎坷经历和卓越贡献展示在广大读者面前，得到广大蒙古族读者的高度评价。

《见证——伊克昭盟老领导访谈录》中列入的41位同志，都于1949年到2001年撤盟设市期间在伊克昭盟担任过书记、副书记、盟长、副盟长，他们讲述的伊克昭盟各项事业繁荣发展的历史事件及经验教训，为鄂尔多斯经济社会发展留下了一笔无形而宝贵的物质和精神财富，具有重要的现实意义和历史意义。

《鄂尔多斯蒙古王爷——沙克都尔扎布》共有 12 章；前有大事记、导论，后有后记和附录。作者用历史学和政治学的视角观照人物和制度，对民国时期的大事进行了记述，反映了各民族各阶层与外敌的斗争，弘扬了爱国主义；对深度了解鄂尔多斯的地域文化，对研究国家政治体系和边疆民族政治体系的关系提供有益的启示。

5. 服务地方

鄂尔多斯学研究会不断拓展研究领域，在增加研究成果数量的同时，着力提高学术水准，力争多出精品，比肩全国一流的地方学研究单位。同时针对本地区经济、社会发展的热点、焦点、难点问题，深入调研，找出症结，提出解决办法，推出领导关注、百姓关心的各类案例，努力做改革发展的催化剂，领导机关的智库。"凝心研究、聚力服务"永远是鄂尔多斯学研究会的历史使命。"牢记嘱托、踔厉奋进"永远是鄂尔多斯学研究会的重大责任。鄂尔多斯学研究会力争在立足鄂尔多斯、研究鄂尔多斯、服务鄂尔多斯方面走出新路子，在内蒙古社科创新平台和全国地方学发展方面建设先行区。推出 6 部有价值的研究成果。

《五年印记》全面、系统地记录伊金霍洛旗十二届政协任期五年来的工作实践和探索历程，客观、真实地展示十二届政协委员履职尽责的宝贵经验，为今后政协工作者和政协委员的履职提供借鉴和参考，为社会各界人士提供一个深入了解政协的载体和平台。

《律动康巴什》包括康巴什美丽的昨天、康巴什怡情的今天、康巴什浪漫的明天三个部分，全面介绍了康巴什区的过去、现在和未来，成为康巴什区有史以来第一部囊括康巴什方方面面的、权威的、专业的、通俗的、美妙的百科全书。

《鄂尔多斯市学习贯彻党的十九届四中全会精神理论阐释作品集》收集了深入学习贯彻党的十九届四中全会精神征文获奖的 34 篇文章和鄂尔多斯市委政研室单位的文章、中央文件等，旨在动员有识之士，带头将学习成果汇集成文，引领社会各界形成更好学习氛围，为建设亮丽内蒙古、共圆伟大中国梦作出更大贡献。

《绿色乌审》包括 70 年岁月的发展历程、翻天覆地的光辉成就、奋发图强的经验启示、美好未来的精致描绘四个部分。书中叙述、总结了自1949 年中华人民共和国成立以来，在中国共产党的领导下，内蒙古自治区鄂尔多斯市乌审旗的经济、政治、文化、社会、生态"五位一体"70 年来的发展历程和取得的辉煌成就。

《强旗富民准格尔》包括奋发前行 70 年、勤奋谱写壮丽诗篇、探索准格尔绿色发展模式、沧桑巨变谈发展、奋斗在闪亮的坐标上、准格尔民间饮食、创新奋斗写华章、准格尔旗赋等部分。书中叙述、总结了自 1949 年中华人民共和国成立以来，在中国共产党的领导下，内蒙古自治区鄂尔多斯市准格尔旗的经济、政治、文化、社会、生态"五位一体"70 年来的发展历程和取得的辉煌成就。

《团结崛起的乌审》包括乌审旗概况、乌审旗民族团结的历史、民族团结政策与实践、民族团结典型引领、民族团结榜样示范、民族团结进步创建的经验与启示等部分。本书的出版发挥着存史、资政、育人的作用。

6. 鄂尔多斯学研究

2002 年 9 月 16 日，鄂尔多斯学研究会正式成立。鄂尔多斯学研究事业进入创新实践阶段。通过倡导成立"中国地方学研究联席会"，与全国地方学研究团体紧密联系，互通研究信息，交流研究成果，借鉴和吸纳有益的经验，促进鄂尔多斯学的发展。推出 16 部作品供大家参阅。

《鄂尔多斯学研讨论文集》收集了鄂尔多斯学研究会从 2002 年 9 月至2005 年组织召开的主要研讨会上的论文，让更多的人便于查找会议成果，用于社会服务。

《鄂尔多斯学研究文选》（2002—2006）从鄂尔多斯学研究会 2002—2006 年各期刊物中选出论文和资料性的内容，包括鄂尔多斯学、历史、经济、文化、生态等方面，便于大家查阅，为各方面研究者提供专业的研究资料。

《我们的 8 年》如实记载了研究会 8 年的履历纪要、研究会成果荟萃、专著、研究丛书。本书为身在本会，关心本会，研究本会者不可缺少的工具书。

《我与鄂尔多斯学》收集作者从 2002 年鄂尔多斯学研究会成立到 2008 年底关于创立鄂尔多斯学的一些有关建议和研究文章，为陈育宁教授 6 年来参与创建鄂尔多斯学及其研究会的一份学术记录。

《鄂尔多斯学概论》的内容包括：鄂尔多斯保存完整的地方民族文化、独具特色的传统祭祀文化、生态环境演变的历史经验、经济振兴飞跃的发展轨迹、推动经济社会发展的文化软实力和敢为人先的鄂尔多斯精神等，为研究鄂尔多斯学的专家学者提供了一个可靠的参照系。

《治学有绩 岁月无痕》是反映鄂尔多斯学研究会十年历程的大型画册，主要内容包括灵秀之地、扬帆起航、学术脚步、硕果累累、创新机制、服务建设、余热生辉、亲切关怀、对外交流、崇高荣誉 10 部分，是广大读者观察、认识鄂尔多斯学及其研究会的一个窗口和平台。

《比较研究与集成创新——鄂尔多斯学学科建设探索》主要讲述了"比较研究，探索规律""集成创新，再论资本""创建学科，服务社会"。

《鄂尔多斯学研究》（蒙文汇编）主要围绕鄂尔多斯学六方面的内容收集鄂尔多斯学研究会自成立以来的相关文章，便于研究者检索。

《鄂尔多斯学论丛》包括鄂尔多斯学、鄂尔多斯文化、鄂尔多斯经济、地方学等几部分，在今后鄂尔多斯学研究的过程中起到参考借鉴的作用。

《书山有径 学海无涯——2002—2017 鄂尔多斯学研究会 15 年影集》的主要内容包括圣地热土为源、基业初步开创、团队实力雄厚、引领地方之学、编纂辞典概论、活动丰富多彩、力推三个走进、亲切关怀关注、学术成果丰硕、崇高荣誉众多。本书成为广大读者观察、认识鄂尔多斯学及其研究会的一个窗口和平台。

《探索 收获 展望——鄂尔多斯学十五周年纪念文集》是以"鄂尔多斯学研究 15 年"为主题收集的论文，内容包括鄂尔多斯学，经济、文化、社会、生态，地方学研究和附录，专家学者从各自的角度讲述和见证了鄂尔多斯学及其研究会走过的十五年历程，以及对未来的展望。

《鄂尔多斯学研究会 2016 年论文集》包括"一带一路与鄂尔多斯发展学术研讨会"的 38 篇论文与《鄂尔多斯学研究》2016 年 1—4 期刊登的优秀论文（13 篇），作为一带一路与鄂尔多斯发展学术研讨会和研究会 2016

年的理论成果。

《鄂尔多斯研究 2017 年论文集》(蒙古文)的主要内容包括鄂尔多斯历史文化、民族文化传承与保护、传统祭祀文化、鄂尔多斯生态、鄂尔多斯经济、鄂尔多斯文化、地方学研究、鄂尔多斯人物研究等方面,目的是充实和丰富鄂尔多斯学研究成果。

《鄂尔多斯研究 2017 年论文集》内容主要由 2017 年《鄂尔多斯学研究》季刊和《草原城市文化——康巴什论坛》《鄂尔多斯学十五周年纪念文集》的优秀论文组成,围绕"鄂尔多斯历史""鄂尔多斯文化""鄂尔多斯经济""鄂尔多斯生态""鄂尔多斯学研究""地方学研究""自治区七十年""智库建设"八大主题,选择其中 50 余篇优秀论文形成文集。

7. 地方学研究

鄂尔多斯学因交流互鉴闻名于学界,鄂尔多斯学研究会成立后的第三个年头,联合温州学等 6 家地方学研究机构共同发起成立了中国地方学研究联席会,并担任首届主席方单位,用研讨会和《地方学研究》辑刊、《地方学研究信息》等多种形式将各方联结在一起,互鉴互学。相信通过与会领导和专家学者的深入交流与研讨,将进一步促进地方学、地方文化交流融合与协同发展,将有利于凝聚更多的智慧,集聚更强的力量,发挥更大的作用。有 4 部作品和大家交流。

《地方学与鄂尔多斯发展研讨会暨鄂尔多斯学研究会成立八周年庆典专辑》的主要内容包括"地方学与鄂尔多斯发展"研讨会的相关论文和部分地方学研究机构的文章,以《鄂尔多斯学研究》增刊的形式奉献给论文作者、兄弟研究单位和市内外众多的读者。

《论地方学建设与发展——中国地方学建设与发展》汇集地方学论文31 篇、研讨会上相关领导讲话、专家评述 7 篇,从不同侧面介绍了各地地方学研究的新鲜成果,是我国地方学界一次名家云集、群贤毕至的盛会。这部文集,既是本次盛会与会者的集体留影,又是全国地方学研究联席会行进过程中一串闪光的足迹。

《地方学研究》(第 1 辑)包括致辞讲话、地方学理论与实践、互联网 +

地方学、观察解读、地方文化与文化产业五个部分。这本书是各位作者共同完成的成果，也是中国地方学研究团体合作的第一部作品。

《地方学研究》（第4辑）从地方学与地方发展、智库建设、城市发展、地域文化和文化旅游等多个方面收集了全国各地地方学专家学者的34篇论文和研究报告，旨在进一步提升地方学的研究水平和为地方经济服务的作用。

8．工具书

鄂尔多斯学之所以能提出，是因为长期以来对鄂尔多斯的各方面研究已有了比较好的基础，有学术成果做支撑，搭建了一些好的展示这门学问的平台。因此说现在的研究队伍、学术界，以至全社会充分了解以往的研究成果，在原基础上推进研究取得新的成果是必要的。"工欲善其事，必先利其器。"工具书是一种依据特定的需要，广泛汇集相关的知识或文献资料，按一定的体例和检索方式编排，专供查资料线索的图书、文献，是人们在书山探宝，学海求知的"器"。我国的工具书历史悠久，源远流长。学会和善于利用工具书，是做学问的一项基本功。所以编写"鄂尔多斯学研究"的工具书尤为必要。这是一项学术研究的基础工程。有4部作品供大家参考。

《鄂尔多斯地名典故词典》（蒙古文）主要讲述伊克昭盟时期和鄂尔多斯市成立以来的各个旗区的地名典故，为研究者提供理论依据。

《鄂尔多斯历代书目索引》共收录征集的书目汉文1312条，蒙古文365条；汉文论文986条，蒙文论文846条，包括历史、地理、方志、人物传记、政治、军事、法律、社会、经济、文化、文学、艺术、文物、教育、新闻、民族、宗教、民俗、旅游、生态、生物、地质、医药、科技、蒙文书目、汉文论文、蒙文论文。

《鄂尔多斯大辞典》包含3800个词条、155万余字组成的鄂尔多斯市第一部大型综合性辞书，包括自然资源、历史、政法军事、经济、科学技术、文化、教育体育、医疗卫生、民族民俗宗教、成吉思汗陵祭祀、社会、当代人物共12个分篇。它是一部汇集鄂尔多斯各门类基本知识和最新情况的综合性、知识性、实用性工具书。

《蒙古语速学技巧》这本书符合"蒙古文正字法词典"的基本要求；更便于初学者和学龄儿童直接语化的读法，减轻学习者的负担，提高了学习效率等等；为各级国家机关、企事业单位开展学习使用蒙古语言文字活动提供了一个科学规范的读本。

9.《我与鄂尔多斯》丛书

《我与鄂尔多斯》是鄂尔多斯学研究会的一个重要成果。从鄂尔多斯学研究会成立之初，我们就开始了这项工作。从收入该书的文章中，我们看到许多老同志的理想和追求以及工作中的酸甜苦辣和生活中的喜怒哀乐，都与时代的脉搏、时势的动态紧密相连；他们是鄂尔多斯近一个世纪特别是中华人民共和国成立半个多世纪历史风云变幻的见证人，他们多彩的人生经历可以说是鄂尔多斯的"百科全书"，也是鄂尔多斯学应该研究的一部"百科全书"。《我与鄂尔多斯》(卷一)至《我与鄂尔多斯》(卷五)主要收录了152位鄂尔多斯发展的见证者、亲历者的所见所闻、所思所想。通过他们的文章了解鄂尔多斯的全面发展，了解鄂尔多斯各行各业的发展历程。编辑出版《我与鄂尔多斯》这套书，目的在于通过这部文集，较为全面、真实、系统地记录鄂尔多斯的历史变迁，更好地宣传和研究鄂尔多斯。同时也为创立鄂尔多斯学提供翔实的资料和研究的依据。这是一份宝贵的文化资源，是深切地记录历史、探索历史的宝贵财富。

10. 鄂尔多斯学研究成果丛书

2012年，是鄂尔多斯学研究会承前启后的重要年份，它是回眸历史加深记忆的重要节点，更是展望前程迈向未来的新起点。在研究会成立十周年之际，为回顾和展示研究成果决定编辑出版《鄂尔多斯学研究成果丛书》丛书。抽派专家，对本会专家、会员历年发表在《鄂尔多斯学研究》季刊、《鄂尔多斯日报·鄂尔多斯学研究专刊》的文章进行分类、评价、遴选，最后选定1237篇，约180万字的精品力作，分为历史、民族、经济、文化、生态、鄂尔多斯地方学六大门类，每个门类25万—30万字，各自成为丛书的一个分册。分别为《鄂尔多斯历史研究》《鄂尔多斯民俗研究》《鄂尔多斯经济研究》《鄂尔多斯文化研究》《鄂尔多斯生态研究》《鄂尔多斯学研究》以及《我眼中的鄂尔多斯现象》《地域文化的资源与开发》《心路——

鄂尔多斯学及其研究会十年历程》《鄂尔多斯模式研究与探索》。这些成果是十年来广大会员、专家心血凝成的精品荟萃，是奉献给研究会成立十周年的深情厚礼，更是奉献给广大读者认识鄂尔多斯、热爱鄂尔多斯、建设鄂尔多斯的精神食粮。

11. 鄂尔多斯市庆祝建党 100 周年访谈实录丛书

《鄂尔多斯市庆祝建党 100 周年访谈实录丛书》是鄂尔多斯市委老干部局与鄂尔多斯学研究会自 2020 年 8 月启动系列丛书编写以来，访谈人员分成 5 组，历时半年，足迹遍布全市的 9 个旗区，通过登门拜访、线上交流、召开座谈会等方式访谈了 400 多位老领导、老干部、老专家、老模范、老学者，在他们的口述、回忆以及所提供资料的基础上，再经过查阅档案文献补证核对、认真整理编纂而成的，具有厚实的史料价值和浓厚的红色基因。丛书分别为《红色鄂尔多斯》《绿色鄂尔多斯》《发展鄂尔多斯》《文化鄂尔多斯》《幸福鄂尔多斯》。

《红色鄂尔多斯》以精神与信仰为主题，以鄂尔多斯革命建设史实为基础，以 46 位离退休老干部及革命英雄人物的后代的讲述为蓝本，以"小故事体现大道理"为写作体例，以时间为轴，以代表性革命人物、重点历史事件、离退休干部奋斗故事为载体，编写了 30 篇独立文章，划为四个篇章。通过本书的出版让红色的鄂尔多斯故事为广大干部和群众所了解、熟知，让鄂尔多斯地方党史在历史长河中留下鲜明的印迹。

《绿色鄂尔多斯》中的访谈内容由远及近、史论结合，通过访谈各民族的老领导、治沙模范、技术人员、企业代表、治沙大户等，客观记录了鄂尔多斯 100 年来生态环境由整体恶化到历史性逆转的生态蝶变。

《发展鄂尔多斯》采取线上访谈与登门访谈相结合的方法，共访谈了 100 多位曾在鄂尔多斯工作、生活的离退休老干部、老专家，并从中精选 100 位，通过他们的讲述感受鄂尔多斯的发展变迁。

《文化鄂尔多斯》大致按照时空顺序，侧重专题式访谈以革命年代的鄂尔多斯文化现象、社会主义建设时期的鄂尔多斯文化现象、改革开放时期的鄂尔多斯文化现象、新时代下的鄂尔多斯文化现象等内容进行叙述，可作一般读物，又可供鄂尔多斯文化历史教科书或参考之用。

《幸福鄂尔多斯》运用口述访谈材料生动再现了老干部对于鄂尔多斯1921—1949 年间春起云涌争解放、1949—1978 年春回大地初发展、1978—2012 年春暖花开辟新篇、2013 年以来春满人间新征程、建党百年之后春风更暖满人间等不同阶段"渴望幸福""追求幸福""开拓幸福""奋斗幸福""畅想幸福"的理解与思考，总结了幸福观就是"站起来""富起来"和"强起来"的时代发展结果，凝聚了顽强拼搏、敢于坚持、勇于变革、追逐温暖等百年鄂尔多斯幸福的精神品格，阐释了"幸福都是奋斗出来的"的深刻主题。

12. 音视频制品

现代宣传更强调直观性和可视性。音视频宣传的好处在于能让观众更全面、更详细、更生动地从各个各方面了解，更适合于网络环境的快速传播以及口碑积累，立体直观，加上图像声音等讲解富有亲和力，介绍更具全面性、专属性以及针对性。鄂尔多斯学研究会的优势在于，运用专家和专业团队对宣传主题的深刻理解，以专业的拍摄、制作手法通过画面、音乐、配音等元素的组合将研究、宣传主题完美地诠释。

《神奇的鄂尔多斯（DVD）》由大型专题片《走遍中国·鄂尔多斯》制作而成，内容包括历史鄂尔多斯、魅力鄂尔多斯、今日鄂尔多斯，全方位、广角度、深层次地反映了鄂尔多斯的昨天和今天。

《永远的眷恋——爷孙三代的鄂尔多斯情》讲述了老革命乔桂章老人和他的子孙乔布英和乔明深深的鄂尔多斯情。

《准格尔婚礼》纪录片从婚礼文化的角度反映出一部准格尔旗近现代历史缩影，是以铸牢中华民族共同体意识为主线，凝聚各民族力量，共同繁荣发展，共同创造准格尔悠久历史与灿烂文化，共同追求美好生活的真实写照。

《印记·鄂尔多斯》是鄂尔多斯学研究会与鄂尔多斯市广播电视台合作的专题片，用影视化的方法将鄂尔多斯悠久的历史和灿烂的文化展现在观众面前，共撰写剧本、脚本 20 多集，每 2 周一集专题片，拍摄周期长达 2 年，用新方式新方法极大地促进了鄂尔多斯历史文化的广泛传播和深入人心。

《红色鄂尔多斯》是为庆祝中国共产党成立 100 周年，鄂尔多斯学研究会与鄂尔多斯电视台合作重磅推出的系列电视专题片，讲述百年鄂尔多斯红色奋斗历程。

《禄马风》微电影讲述了一位 65 岁的牧马人从放马到马文化的传承，印证了时代的变迁，他所走过的风雨历程更是伊金霍洛各族儿女的真实写照。他们发扬吃苦耐劳、忠诚担当的蒙古马精神，奏响了改革开放 40 年的最强音。全片长 13 分钟。

（四）课题研究

鄂尔多斯学研究会创会伊始，就要求专家委员会除策划、组织、安排好当年的各项学术研讨会外，要有计划、有目标、高效率、高品位地搞一些研究课题。课题不求数量但要质量。本着重大原则、服务原则、广泛原则、创新原则、超前原则承担各项课题。只有提高理论水平，才能提高实践智慧。研究会的研究内容不再局限于鄂尔多斯，而要登高望远；可是它的服务对象却基本上不超越鄂尔多斯。所以鄂尔多斯学研究会专家委员会这几年做了一些自治区社科联的重大课题以及地方政府服务的现实课题。通过项目、课题引导中青年专家学者踔厉奋发、笃行不怠，不负韶华、不辱使命，勇挑重担、敢争荣光。

《"内蒙古学"在中国地方学中的地位》为"内蒙古社会科学研究课题" 2017 年度"内蒙古学"专项重点项目。研究成果对推进中国地方学协同创新，共建中国学，更是具有全局性的重大创新。

《2035 的鄂尔多斯：发展预测与战略研究》为 2019 年度内蒙古社科基金委托项目重点课题。该课题注重目标导向和问题导向，突出引领功能，用新发展理念全面审视鄂尔多斯的发展底色，对未来国内外发展的宏观环境进行了综合研判，结合鄂尔多斯的现实基础与趋势可能，提出到 2035 年鄂尔多斯市率先在我国西部和少数民族地区基本建成社会主义现代化示范市的目标。

《内蒙古健康管理产业发展现状与发展策略研究》为 2019 年内蒙古社会科学基金一般课题。运用流行病学、卫生统计学、产业经济学、公共管理学等学科知识，选取文献研究、实地调查等方法，对内蒙古健康管理产业的特征、现状等问题进行综合分析。研究成果对于进一步从战略上谋划内蒙古健康管理产业的发展方向、目标定位和空间布局具有较大应用价值。

《内蒙古沿黄地区城市一体化研究》为 2020 年内蒙古自治区社会科学基金项目重点委托课题。研究成果以习近平新时代中国特色社会主义思想为指导，结合总书记在黄河流域生态保护和高质量发展座谈会上提出的加强黄河治理保护、推动黄河流域高质量发展的重大部署，紧紧围绕高质量发展这一根本要求，以新发展理念为引领，开展深入调查研究。

《开展农牧交错、胡汉交融、多元一体——铸牢中华民族共同体意识视域下的内蒙古黄河流域古代历史与文化遗产研究》为 2021 年内蒙古自治区社会科学基金项目一般课题。研究成果完成了对黄河与草原在内蒙古黄河流域的分布情况、内蒙古黄河流域农耕经济与游牧经济的交错分布、古代内蒙古黄河流域的胡汉交融状况、内蒙古黄河流域的历代长城和草原丝绸之路、内蒙古黄河流域古代历史和文化上的多元一体、内蒙古黄河流域的历史发展脉络和内在规律等问题的总结、分析和研究。

《内蒙古沿黄地区生态保护现状及对策研究》为 2020 年内蒙古自治区社会科学基金项目重点委托课题。研究成果在总结内蒙古沿黄地区生态保护取得明显成效的基础上，深刻把握国家和自治区在黄河流域生态保护的要求和发展思路，聚焦突出问题，开创性地提出内蒙古沿黄地区生态保护的建议措施。

《基于铸牢中华民族共同体意识下的几字湾历史发展中的蒙汉语地名研究》为 2020 年"内蒙古社会科学基金项目"重点委托课题。研究成果以几字弯地区的地理环境、生产生活方式和历史文化传统等为切入点，以几字弯地区地名融合发展为主要研究对象，采用实地调研、文献资料分析、地名对比研究等方法，系统梳理本地地理环境、政区沿革、历史文化等方面的线索，分析在地名形成过程中民族融合对各民族文化、行为和思维的影响，总结民族交往交流交融对地名形成和演变的重要作用，为开展民族团结进步教育、铸牢中华民族共同体意识提供有力依据和生动案例。

《成吉思汗祭祀文化口述史调查研究》为 2018 年内蒙古文史馆重点研

究课题。研究成果为成吉思汗祭祀文化口述史调查研究，采访 100 多位达尔扈特人员，收集资料大约 2000 分钟视频、音频。

《鄂尔多斯市全国民族团结进步示范市成果研究展示项目》为 2021 年鄂尔多斯市民族事务委员会委托课题。该项目主要包括鄂尔多斯市全国民族团结进步示范市概述、鄂尔多斯市全国民族团结进步示范市画册、鄂尔多斯市全国民族团结进步示范市电视宣传片。

《鄂尔多斯市烈士纪念设施和烈士事迹调查研究工》为 2022 年鄂尔多斯市退役军人事务局委托课题。研究成果围绕革命烈士事迹开展调查研究，不仅具有存史、资政、育人、传播和展示的重要作用，同时，也激励我们在新时代坚持铸牢中华民族共同体意识，增进民族团结进步，促进经济社会发展。

（五）书评座谈会

鄂尔多斯学研究会走过 20 年，出版 100 多部图书，召开 13 次书评座谈会，在社会上引起了强烈反响。

2003 年 3 月 26 日，组织召开了"鄂尔多斯学研究丛书"之一的《鄂尔多斯盐业史》初评会。2004 年 1 月 12 日和 3 月 4 日，举行了《我与鄂尔多斯》[卷一] 出版发行座谈会。2004 年 5 月 29 日，与盐业公司联合举办了《鄂尔多斯盐业史》出版发行座谈会。2016 年 3 月 16 日，召开《永远的眷恋》《游者手记》研讨会。2016 年 4 月 29 日，于伊金霍洛旗纪委监察局召开《成吉思汗箴言选辑》书评座谈会。2016 年 4 月，召开《中国民族史学理论新探索》座谈会。2016 年 5 月 13 日，召开《双头马骑士——阿斯哈牧人的城市化感受》研讨座谈会。2019 年 9 月 23 日，召开《崛起之路——鄂尔多斯市改革开放四十年研究丛书座谈会》。2019 年 10 月 21日，召开《温暖世界 骄子情怀 —— 鄂尔多斯民营经济 40 年》书评座谈会。2020 年 4 月 23 日，召开《律动康巴什》书评会。2021 年 10 月 19 日，召开《库布其历史与文化研究》书评座谈会。2021 年 12 月 21 日，召开《2035的鄂尔多斯——发展预测与战略研究》新书发布座谈会召开。2022 年 5 月7 日，召开《鄂尔多斯市庆祝建党 100 周年访谈实录丛书》书评座谈会。2022 年 9 月 17 日，召开《鄂尔多斯历史文化》书评会。

参考文献

1. 胡元梓、薛晓元主编：《全球化与中国》，北京：中央编译出版社，1998 年。

2. 王列、杨雪冬编译：《全球化与世界》，北京：中央编译出版社，1998 年。

3. 俞可平主编：《全球化时代的"马克思主义"》，北京：中央编译出版社，1998 年。

4. 林振江、梁云祥主编：《全球化与中国、日本》，北京：新华出版社，2000 年。

5. 程光泉主编：《全球化理论谱系》，长沙：湖南人民出版社，2002 年。

6. 李慧斌主编：《全球化：中国道路》，北京：社会科学文献出版社，2003 年。

7. 奇·朝鲁编著：《首届鄂尔多斯文化学术研讨论文集》，内新图准字 [2006] 鄂尔多斯学研究会，2006 年 8 月 13 日。

8. 英吉·考尔主编：《全球化之道》，张春波、高静译，北京：人民出版社，2006 年。

9. 俞可平主编：《全球化：西方化还是中国化》，北京：社会科学文献出版社，2002 年。

10. 孙国强：《全球学》，贵阳：贵州人民出版社，2008 年。

11. 陈育宁：《我与鄂尔多斯学》，银川：宁夏人民出版社，2009 年。

12. 鄂尔多斯大辞典编纂委员会：《鄂尔多斯大辞典》，呼和浩特：内蒙古人民出版社，2009 年。

13. 陈育宁 :《地域文化的资源与开发》，呼和浩特 : 内蒙古人民出版社，2012 年。

14. 潘照东 :《鄂尔多斯模式研究与探索》，呼和浩特 : 内蒙古人民出版社，2012 年。

15. 奇·朝鲁 :《心路》，呼和浩特 : 内蒙古人民出版社，2012 年。

16. 奇·朝鲁主编 :《鄂尔多斯经济研究》，呼和浩特 : 内蒙古人民出版社，2012 年。

17. 奇·朝鲁主编 :《鄂尔多斯民俗研究》，呼和浩特 : 内蒙古人民出版社，2012 年。

18. 奇·朝鲁主编 :《鄂尔多斯历史研究》，呼和浩特 : 内蒙古人民出版社，2012 年。

19. 奇·朝鲁主编 :《鄂尔多斯学研究》，呼和浩特 : 内蒙古人民出版社，2012 年。

20. 奇·朝鲁主编 :《鄂尔多斯文化研究》，呼和浩特 : 内蒙古人民出版社，2012 年。

21. 广州市文化广电新闻出版局编 :《构建广府学》，广州 : 华南理工大学出版社，2017 年。

22. 夏日 :《我眼中的鄂尔多斯》，呼和浩特 : 内蒙古人民出版社，2012 年。

23. 奇·朝鲁、陈育宁主编 :《鄂尔多斯学概论》，呼和浩特 : 内蒙古人民出版社，2012 年。

24. 蔡拓等 :《全球学导论》，北京 : 北京大学出版社，2015 年。

25. 李庚香 :《中原学》，郑州 : 河南人民出版社，2016 年。

26. 周武主编 :《上海学》第三辑，上海 : 上海人民出版社，2016 年。

27. 习近平 :《习近平谈治国理政》(第二卷)，北京 : 外文出版社，2017 年。

28. 张宝秀主编 :《地方学研究》第二辑，北京 : 知识产权出版社，2018 年。

29. 奇·朝鲁编著 :《探索、收获、展望——鄂尔多斯学十五周年纪念文集》,鄂尔多斯学研究会,2017 年 8 月 1 日。

30. 陶文辉、甄自明主编 :《鄂尔多斯历史文化》,北京 : 学苑出版社,2021 年。

后记

　　《简明鄂尔多斯学》共七章，由鄂尔多斯学研究会的三个团队协力完成。在撰写过程中，我们多次沟通，几易其稿，修改完善。奇海林团队负责撰写鄂尔多斯学的产生、鄂尔多斯学与地方发展、鄂尔多斯学的研究对象、鄂尔多斯学的学问体系、鄂尔多斯学的研究方法及前言部分。其中，李月琴完成鄂尔多斯学的研究方法中第一至第五部分的撰写，白杨完成鄂尔多斯学的研究方法中第六部分的撰写，吴秋莹完成鄂尔多斯学的研究方法中第七部分的撰写。杨勇团队负责撰写鄂尔多斯学研究的功能与作用。王春霞团队负责撰写鄂尔多斯学的研究成果。

　　在撰写本书的过程中，我们得到了全国地方学专家、学者的鼎力相助，得到了上级有关部门和领导的关心支持。内蒙古自治区社科联将本书列为"内蒙古社会科学基金 2022 年度后期资助项目"，给予重点资助、支持。在编写、修改本书的过程中，我们得到了许多专家、学者的指导帮助。特别是原伊克昭盟副盟长、巡视员，鄂尔多斯学研究会首任会长、荣誉会长奇·朝鲁先生给予了热情鼓舞和研究方法层面的精心支持；宁夏回族自治区政协原副主席，宁夏大学原书记、校长，博士生导师，鄂尔多斯学研究会荣誉会长、专家委员会荣誉主任陈育宁教授给予了学术方面的悉心指导。在此表示诚挚的感谢。

　　本书由奇海林通稿，王春霞审定。

　　由于水平所限，书中难免有疏漏与错误，敬请各位同仁、读者批评指正！

作者

2023 年 5 月 10 日